Allemand, cinq cents fautes à éviter

AVEC EXERCICES CORRIGÉS

PAR

Herbert Scharfen

Professeur en classes préparatoires HEC
au Lycée Saint-Paul de Lille

Presses Universitaires de France

COLLECTION MAJOR
DIRIGÉE PAR
PASCAL GAUCHON

Remerciements

L'auteur tient à remercier tous ceux qui ont contribué à l'élaboration de cet ouvrage et en particulier Annick Lapière et Françoise Stoven pour la première relecture, Francine Rouby et Stéphane Radenac pour l'adaptation de cette édition à la nouvelle orthographe, leurs conseils utiles et leur patience.

ISBN 2 13 054594 1

Dépôt légal — 1re édition : 1995
2e édition : 1998, février
3e édition : 2001, juin
4e édition mise à jour : 2004, août

Sommaire

		Pages
Préface		V
1 – **Gallicismes**	001-032*	1
2 – **Faux amis**	033-061*	11
3 – **Anglicismes**	062-079*	19
4 – **L'orthographe**	080-107*	23
5 – **Noms et pronoms**	108-162*	31
6 – **Le genre**	163-198*	51
7 – **La déclinaison**	199-216*	61
8 – **Adjectifs/adverbes**	217-280*	67
9 – **Prépositions**	281-315*	85
10 – **Verbes**	316-432*	93
11 – **Conjonctions**	433-443*	127
12 – **Dépendantes/subordonnées**	444-458*	131
13 – **Divers**	459-500*	137
Corrigés		147
Index français		183
Index allemand		191

* Les chiffres renvoient aux items numérotés où les fautes ont été traitées.

Préface

Ce manuel est destiné à tous ceux qui désirent éviter, dans leur expression écrite ou orale, les fautes de langue qui sont sévèrement sanctionnées dans les examens et concours, que ce soit au niveau du baccalauréat ou de l'Université. Si le candidat commet ces fautes, il sera automatiquement considéré comme un mauvais germaniste.

Or le nombre des incorrections qui « choquent » le plus les correcteurs et examinateurs est relativement limité. Et le candidat qui souhaite éviter les incorrections les plus graves se trouve alors devant la tâche incommensurable de réviser « toute la grammaire » sans pour autant savoir par où commencer et comment faire le tri entre les multiples informations contenues dans les manuels, informations dont une bonne partie porte sur des règles et phénomènes isolés dont la maîtrise n'est pas toujours primordiale.

Cet ouvrage met l'accent sur les fautes de langue qu'il est indispensable d'éviter et que, pourtant, les correcteurs retrouvent constamment jusqu'à un niveau avancé.

La majorité des incorrections grossières commises par les élèves et étudiants résulte de l'interférence du français, qui se manifeste par une traduction littérale du français en allemand. Comme la traduction acquiert de plus en plus d'importance dans les examens et concours, il s'agit pour l'étudiant de prendre conscience des pièges que tend la traduction directe d'une langue en une autre. Pour bien maîtriser une langue étrangère, il faut non seulement savoir ce qui est correct, mais aussi ce qui est incorrect.

Aussi chacun des cinq cents exemples de fautes fréquentes qui font l'objet de ce manuel part-il d'un énoncé en français suivi d'une traduction qui illustre la faute que tout correcteur a soulignée d'innombrables fois. La première étape de la bonne maîtrise de l'allemand consiste donc, entre autres, à comprendre ce qu'il ne faut surtout pas dire. À la suite de cette démonstration figure directement, en caractères gras, la traduction correcte suivie d'annotations explicatives, complétées par d'autres exemples et des phrases de thème. L'utilisateur de ce manuel pourra, s'il le souhaite, les traduire en allemand pour s'entraîner. Il trouvera, en annexe de l'ouvrage, le corrigé de chacune de ces phrases.

Note aux lecteurs

Cette édition a été revue et corrigée en fonction des règles de la nouvelle orthographe allemande.

Dans tous les exemples qui suivent, le sigle :

FAUX désigne la faute fréquemment commise par des francophones,
CORR l'expression correcte en allemand,
NOTE l'explication,
TRAD l'exemple dont la traduction se trouve dans les corrigés, à partir de la page 147.

1. Gallicismes

001 **C'est (parce) que...**
FAUX Das ist, weil...
CORR **Das liegt daran, dass...**
NOTE *C'est (parce) que* ne peut se traduire littéralement. On a recours à d'autres tournures, comme par exemple *Das liegt daran, dass... – C'est dû au fait que...*
TRAD Si elle est si fatiguée pendant la journée, c'est qu'elle n'a pas assez de sommeil la nuit.

002 **C'est toi qui l'as dit.**
FAUX Es ist/bist du, der es gesagt hast.
CORR **Du bist es, der es gesagt hat.**
NOTE Pour traduire *C'est* + une personne/chose + relative, la phrase allemande commence par le sujet personnel et non par *es*. Le verbe *sein* se conjugue selon la personne du sujet, alors que le verbe de la proposition relative se conjugue selon le nombre (singulier ou pluriel) du pronom relatif. Celui-ci se trouve toujours à la 3e personne (singulier ou pluriel).

EXEMPLE : *C'est moi qui l'ai deviné le premier – Ich bin es, der es als Erster erraten hat.*

Mais il faut ajouter que cette construction est rare en allemand. Le plus souvent, on se passe de la relative, en se servant de l'intonation pour mettre en valeur telle ou telle partie de la phrase. C'est le seul moyen d'ailleurs pour accentuer un complément circonstanciel. Celui-ci se met alors au début de la phrase.

EXEMPLE : *C'est à deux heures que j'ai un rendez-vous – Um zwei Uhr habe ich eine Verabredung.* Ou bien : *C'est toi que j'ai vu – Dich habe ich gesehen.*

TRAD Comme je ne peux pas faire les courses, c'est bien vous qui devez vous mettre en chemin.

003 **Aujourd'hui, on est mercredi.**

FAUX Heute ist man Mittwoch.

CORR **Heute ist Mittwoch / Heute haben wir Mittwoch.**

NOTE Noter que, dans cette tournure, le français *on* ne se traduit pas par *man.* En effet, *on* donne *wir* à chaque fois qu'il peut être remplacé, en français, par *nous.* L'emploi du verbe *haben* concerne toutes les tournures servant à indiquer la date, le jour de la semaine, la saison, une fête, etc. – bref, lorsque l'on a *On est...* en français.

EXEMPLES : *Wir haben den 26. September 2004 / Wir haben Sommer / Winter / Weihnachten / Ostern,* etc.

TRAD Est-ce qu'on est vendredi ou samedi demain ?

004 **J'ai froid.**

FAUX Ich habe kalt. Ich bin kalt.

CORR **Mir ist kalt. Es ist mir kalt.**

NOTE Retenir les constructions impersonnelles suivantes :

— Il a froid : Es ist ihm kalt. / Ihm ist kalt.
— Il a chaud : Es ist ihm warm. / Ihm ist warm.
— Il a mal au cœur : Es ist ihm schlecht. / Ihm ist schlecht.
— Il a le vertige : Es ist ihm schwindlig. / Ihm ist schwindlig.

Pour marquer le début d'un état ou une évolution, *sein* est remplacé par *werden.*

EXEMPLE : *Mir wird kalt – Je commence à avoir froid.*

TRAD N'as-tu pas le vertige sur cette tour ?

005 **C'est à un kilomètre.**

FAUX Das ist in ein Kilometer.

CORR **Das ist einen Kilometer von hier (entfernt).**

NOTE Le complément de lieu français introduit par la préposition *à,* au sens de *loin de,* se traduit par un accusatif libre sans préposition. L'indication du lieu est souvent suivie de l'adverbe *entfernt.* On a le choix entre les verbes *sein* : *être* et *liegen* : *être situé.*

TRAD La prochaine oasis est à une journée de cette ville.

006 **Cela fait que...**

FAUX Das macht, dass

CORR **Das hat zur Folge, dass...**

NOTE *faire qch* au sens *avoir quelque chose pour conséquence* donne *etwas zur Folge haben* ou des tournures équivalentes.

TRAD Inge a un rendez-vous, ce qui fait qu'elle ne restera pas pour manger.

007 **faire un rêve**
FAUX einen Traum machen
CORR **einen Traum haben**
NOTE *machen* prendrait ici le sens de *fabriquer un rêve,* ce qui ne voudrait rien dire...
TRAD J'ai fait un rêve étrange cette nuit.

008 **faire une maladie**
FAUX eine Krankheit machen
CORR **eine Krankheit haben**
NOTE Là encore, avec *machen,* on obtiendrait le non-sens *fabriquer une maladie.* Le substantif *Krankheit* peut être remplacé par tout nom désignant une maladie. Retenir aussi que *attraper une maladie* se traduit le mieux par *sich (D) eine Krankheit zuziehen.*
TRAD Son oncle a déjà fait une pneumonie, mais il y a survécu.

009 **faire une victime / des morts** (en parlant d'un accident)
FAUX ein Opfer machen / Tote machen
CORR **ein Opfer fordern / Todesopfer fordern**
NOTE Ici, l'emploi de *machen* au sens de *faire, fabriquer* serait particulièrement macabre. – Retenir aussi : *faire un sacrifice – ein Opfer bringen.*
TRAD L'accident a fait plusieurs morts / victimes.

010 **coûter cher**
FAUX teuer kosten
CORR **viel kosten / teuer sein**
NOTE *teuer* ne peut accompagner le verbe *kosten.* L'emploi de *teuer* n'est pas non plus habituel pour traduire *un loyer cher* : *eine hohe Miete.* Noter aussi la chute d'un *e* dès que *teuer* prend une désinence : *ein teurer Mantel, ein teures Auto, eine teure Uhr.*
TRAD Combien coûte cette voiture ? – Elle ne coûte pas cher.

011 **quinze jours** (= deux semaines)
FAUX fünfzehn Tage
CORR **vierzehn Tage**
NOTE Mais *huit jours* : *acht Tage* (comme en français). Retenir :
— une quinzaine de jours : etwa *(environ)* vierzehn Tage
— une huitaine de jours : etwa acht Tage
— sous huitaine : innerhalb von acht Tagen
TRAD Cette revue paraît tous les quinze jours.

012 **C'est vrai de/pour (la RFA, etc.).**
FAUX Das ist wahr für (die BRD, etc.).
CORR **Das trifft auf (die BRD usw.) zu.**
NOTE *vrai : wahr,* mais *Das ist wahr für...* ne se dit pas. Employer *zutreffen auf + A : s'appliquer à, être vrai pour.*
TRAD Ce que vous dites n'est vrai que pour les personnes âgées.

013 **pendant deux ans**
FAUX während zwei Jahre
CORR **zwei Jahre (lang)**
NOTE La préposition *während + G : pendant* ne peut figurer devant un chiffre. En allemand, on se sert d'une construction sans préposition, le nom se met à l'accusatif et peut être suivi de *lang* pour accentuer la durée. Ne pas calquer la construction anglaise *for* + nom en employant *für* en allemand, ce qui n'est possible que lorsqu'on a *pour* + complément de temps en français, syntagme exprimant non pas forcément une durée réalisée, mais simplement un projet (contrairement à *pendant*) : *Il était parti pour un an – Er war für ein Jahr weggegangen* (sous-entendu : il est peut-être rentré plus tôt). Ce qui ne signifie pas exactement la même chose que *Il était parti pendant un an – Er war ein Jahr (lang) weg* (sous-entendu : il n'est pas rentré avant un an).
TRAD 1 – Il a plu pendant tout un mois.
2 – M. Meyer a été embauché pour un an.

014 **J'aime découvrir les villes.**
FAUX Ich entdecke gern Städte.
CORR **Ich besichtige gern Städte (um sie kennen zu lernen).**
NOTE *découvrir : entdecken,* mais *eine Stadt entdecken* implique en allemand que personne n'a jamais fait la découverte de la ville concernée. On a donc recours à *eine Stadt besichtigen (um sie kennen zu lernen) : visiter une ville (pour la connaître).*
TRAD Beaucoup de gens vont à Paris pour découvrir la ville.

015 **Comment allez-vous ? – Je vais bien, et vous ?**
FAUX Wie gehen Sie? – Ich gehe gut, und Sie?
CORR **Wie geht es Ihnen? – Es geht mir gut, und Ihnen?**
NOTE Noter le datif dans cette construction invariablement impersonnelle. *Ich gehe gut* signifie *Je marche bien, je me déplace bien,* signification un peu absconse dont le sens reste à inventer.
TRAD Comment vas-tu ? – Comme ci comme ça, et toi ?

016 **Il claque des dents.**

FAUX Er klappert von den Zähnen.

CORR **Er klappert mit den Zähnen.**

NOTE Lorsque la préposition française *de* exprime la manière ou l'instrument et que le nom désigne une partie du corps, on la traduit par *mit.*

TRAD Il l'a vue de ses propres yeux.

017 **arriver le premier**

FAUX der Erste ankommen

CORR **als Erster ankommen**

NOTE *le premier : der Erste,* mais lorsque *le premier* est attribut au sens qualificatif *en tant que / en qualité de premier,* on a *als Erste(r, s).*

EXEMPLE : *Le premier gagne un prix – Der Erste gewinnt einen Preis.* Mais : *Je l'ai vu le premier – Ich habe es als Erster gesehen.*

Si *le premier* est suivi d'un infinitif introduit par *à,* on a le choix entre :

a – la traduction à l'aide d'une relative

b – une construction adverbiale avec *als Erste(r).*

EXEMPLE : *Il fut le premier à le remarquer : a – Er war der Erste, der es bemerkte,* ou bien *b – Er bemerkte es als Erster.*

TRAD 1 – Quand Tante Else était à l'hôpital, Mark a été le premier à lui rendre visite.

2 – Il y a cinq candidats. Qui sera le premier ?

018 **le premier pays de l'Europe**

FAUX das erste Land Europas

CORR **das größte / erfolgreichste / führende (etc.) Land Europas**

NOTE *der/die/das erste* prendrait ici un sens temporel : le premier pays (qui a existé / qui a fait quelque chose avant tous les autres). Lorsque l'on souhaite éviter ce sens, on traduira *premier,* selon le contexte, par

— der/die/das führende *(qui est en tête)*
— der/die/das erfolgreichste *(qui a le plus de succès)*
— der/die/das größte *(le plus grand)*
— der/die/das beste *(le meilleur),* etc.

TRAD 1 – Ils voudraient devenir les premiers producteurs d'ordinateurs du monde.

2 – Selon la Bible, Ève fut la première femme.

019 **La ville de Cologne**
FAUX Die Stadt von Cologne
CORR **Die Stadt Köln**
NOTE Quand le français *de* n'a pas d'autre fonction que d'introduire une apposition, on ne le traduit pas. C'est surtout le cas en présence de noms propres (noms de villes, personnes, mois, etc.).
TRAD Au mois d'août, presque tout le monde est parti.

020 **Il a vécu très vieux.**
FAUX Er hat sehr alt gelebt.
CORR **Er ist sehr alt geworden.**
NOTE *alt leben* ne se dit pas. Dire : *alt werden* ou *lange leben.*
TRAD Grâce aux progrès de la médecine, les gens vivent de plus en plus vieux.

021 **Je n'en ai pas pour longtemps.**
FAUX Ich habe nicht für lange.
CORR **Ich brauche nicht lange.**
NOTE *en avoir pour* (+ complément de temps) se traduit par *etwas brauchen* : *avoir besoin* (d'un certain temps).
TRAD Attends-moi, je n'en ai que pour deux minutes.

022 **Ils se sont déplacés deux fois pour rien.**
FAUX Sie haben sich zwei mal für nichts fortbewegt.
CORR **Sie sind zweimal umsonst gegangen/gefahren.**
NOTE a – *se déplacer* est bien plus fréquent en français que *sich fortbewegen* en allemand, verbe que l'on remplace généralement par des verbes plus banals tels que *gehen, fahren, laufen, kommen,* etc., selon la façon ou la direction du déplacement.

b – *zweimal,* comme tous les mots se terminant en *-mal,* s'écrit en un mot : *dreimal, zehnmal, hundertmal,* etc.

c – *pour rien,* que le sens soit *en vain* ou *gratuitement,* se traduit par l'adverbe *umsonst.* En revanche, l'adjectif *vain* donne *vergeblich.*

EXEMPLE : *une tentative vaine – ein vergeblicher Versuch.*

Et l'adjectif *gratuit* donne *kostenlos.*

EXEMPLE : *des extra gratuits : kostenlose Extras.*

Ce dernier adjectif ainsi que *gratis* s'emploient aussi comme adverbes pour signifier *gratuitement.*

TRAD 1 – Ce n'est pas pour rien que j'y vais toujours à pied. Il faut faire quelque chose pour sa santé.
2 – Les plombiers ne se déplacent pas gratuitement.

023 **Je (n')ai (pas) le temps.**
FAUX Ich habe (nicht) die Zeit.
CORR **Ich habe (keine) Zeit.**
NOTE Noter l'absence d'article défini dans cette tournure, en dehors de laquelle *die Zeit* est bien accompagné de l'article comme *le temps* en français.
TRAD Est-ce que tu auras le temps demain de m'aider ?

024 **Elle a les cheveux gris.**
FAUX Sie hat die Haare grau.
CORR **Sie hat graue Haare.**
NOTE Pour traduire *avoir le/la/les* + partie du corps + adjectif, l'article défini tombe. L'allemand ne fait pas la différence entre *avoir les cheveux gris* et *avoir des cheveux gris.* Dans les deux cas, on dit *graue Haare haben.*
TRAD Il a les jambes tordues.

025 **gagner sa vie**
FAUX sein Leben verdienen
CORR **seinen Lebensunterhalt verdienen**
NOTE Expression à retenir. On dit aussi : *sein Brot verdienen.*
TRAD Ils doivent tous les deux aller travailler pour gagner leur vie.

026 **On peut penser que...**
FAUX Man kann denken, dass...
CORR **Man könnte/möchte meinen, dass...**
NOTE *denken können* est rare et signifie *posséder la capacité de penser.* Lorsque *On peut penser que...* prend le sens de *On dirait que...,* on aura *Man könnte meinen, dass...* ou bien *Man möchte meinen, dass...*
TRAD À le voir, on peut penser qu'il n'a que quinze ans.

027 **Il vient un jour sur quatre.**
FAUX Er kommt einen Tag auf vier.
CORR **Er kommt jeden vierten Tag.**
NOTE Retenir la construction *jede(r, s)* + nombre ordinal + substantif, dont la traduction littérale est donc *chaque énième jour/fois/Français/ménage,* etc.
TRAD Un Allemand sur huit est contre cette mesure.

028 **être dans l'impossibilité de faire quelque chose**
FAUX in der Unmöglichkeit sein, etwas zu tun
CORR **(nicht) die Möglichkeit haben, etwas zu tun**
NOTE La négation *die Unmöglichkeit* : *l'impossibilité* existe, sauf dans la tournure citée. Ne pas calquer la formule française avec *dans,* mais dire : *(nicht) die Möglichkeit haben – ne pas avoir la possibilité...*
TRAD Nous étions malheureusement dans l'impossibilité de vous informer plus tôt de cet incident.

029 **Il n'a pas le courage de se lever si tôt.**
FAUX Er hat nicht den Mut, so früh aufzustehen.
CORR **Er kann sich nicht dazu aufraffen, so früh aufzustehen.**
Er hat keine Lust, so früh aufzustehen.
NOTE *le courage* se traduit bien par *der Mut,* à l'exception de la tournure très courante *avoir le courage de faire quelque chose* au sens *avoir envie / la volonté de faire quelque chose – Lust haben, etwas zu tun* ou bien *sich zu etwas aufraffen können,* tournures qui n'impliquent pas l'héroïsme extraordinaire de *den Mut haben, etwas zu tun – avoir le courage de* (= être assez vaillant pour) *faire quelque chose.*
TRAD 1 – Comme il a été en route depuis ce matin, Erik n'a plus le courage de faire la cuisine.
2 – Elle a eu le courage de sauter du plongeoir de cinq mètres.

030 **la bonne santé**
FAUX die gute Gesundheit
CORR **die Gesundheit**
NOTE *die gute Gesundheit* est considéré comme un pléonasme que l'usage n'admet pas. Dire tout court : *die Gesundheit.* En revanche, l'usage admet le superlatif de *gut* dans *in bester Gesundheit sein – être en parfaite santé.*
TRAD Rien n'est plus important que la (bonne) santé.

031 **le danger de mort**
FAUX die Todgefahr
CORR **die Lebensgefahr**
NOTE *die Lebensgefahr* signifie littéralement *le danger pour la vie* : le danger reste le même, mais les perspectives française et allemande sont opposées.
TRAD Lâcher le volant à 100 km/h signifie un danger de mort.

032 **une famille nombreuse**
FAUX eine zahlreiche Familie
CORR **eine kinderreiche Familie**
NOTE *nombreux : zahlreich,* sauf dans ce cas isolé à retenir qui signifie littéralement *une famille riche en enfants.* Mais attention : *de nombreuses familles* au sens de *beaucoup de familles* donne bien *zahlreiche Familien.*
TRAD 1 – L'État fait-il assez pour aider les familles nombreuses ?
2 – Il y a de nombreuses familles qui vivent de l'aide sociale.

2. Faux amis

033 **Comment ça va ? – Ça va.**
FAUX Wie geht's? – Es geht.
CORR **Wie geht's? – (Es geht mir) gut.**
NOTE Quand les Allemands répondent *Es geht* ou bien *Es geht so,* il ne faut pas croire que tout va très bien, car la signification est le plus souvent *comme ci, comme ça.* Comparer l'exemple 015.
TRAD Comment allez-vous ? – Comme ci, comme ça. J'ai beaucoup de travail.

034 **Il risque de le dire à tout le monde.**
FAUX Er riskiert es, es allen Leuten zu sagen.
CORR **Er könnte es allen Leuten sagen.**
NOTE *(es) riskieren, etwas zu tun* signifie *prendre le risque de faire quelque chose,* connotation différente du français *risquer de faire quelque chose.* Cette formule peut prendre un sens modal que l'on traduit par *könnte* : *pourrait.*
TRAD Si tu viens à sept heures, nous risquons d'être sortis.

035 **les jeunes**
FAUX die Jungen
CORR **die jungen Leute**
NOTE *die Jungen* est le pluriel de *der Junge* (masculin faible) : *le garçon* et de *das Junge* (adjectif substantivé) : *le jeune (animal).* Pour éviter la confusion, dire *die jungen Leute.* Cette dernière tournure convient aussi quand *les jeunes* à qui on fait référence ne sont pas forcément des adolescents *(Jugendliche).* Pour plus d'explications se référer à l'exemple 082.
TRAD Dans cette maison n'habitent pas des jeunes, mais seulement des personnes âgées.

036 **respecter la loi**
FAUX das Gesetzt respektieren
CORR **das Gesetz befolgen**
NOTE a – *respecter une personne – jemanden respektieren,* mais *respecter une chose (par ex. la loi) – etwas befolgen.*
b – Une faute très fréquente consiste à ajouter un *t* à la fin de *Gesetz.* Il s'agit là sans doute d'une confusion avec le participe passé *gesetzt* dérivé du verbe *setzen.*
TRAD Les criminels sont en prison parce qu'ils n'ont pas respecté la loi.

037 **À votre place, je le ferais.**
FAUX In Ihrem Platz würde ich das tun.
CORR **An Ihrer Stelle würde ich das tun.**
NOTE Expression à retenir où *la place* ne donne pas *der Platz* mais *die Stelle.*
TRAD À ma place, est-ce que tu l'aurais appelé ?

038 **Le temps passe vite.**
FAUX Die Zeit passiert schnell.
CORR **Die Zeit vergeht schnell.**
NOTE Retenir les traductions des significations les plus fréquentes du français *passer* :
— se passer : passieren (sans *sich*)
— (le temps) passe : (die Zeit) vergeht
— passer (du temps à faire quelque chose) : (Zeit damit) verbringen (etwas zu tun)
— passer quelque chose à quelqu'un : jemandem etwas reichen/geben
— passer devant quelque chose / quelqu'un : an jemandem / etwas vorbeigehen/vorbeifahren
— passer chez quelqu'un : bei jemandem vorbeigehen/vorbeifahren/vorbeikommen
— passer de (+ lieu) à (+ lieu) : gehen/fahren von... zu/nach/bis/in, etc.
— passer de (+ chiffre) à (+ chiffre) : selon le contexte soit *sich erhöhen von... auf + A... : augmenter,* soit *sinken, sank, ist gesunken von... auf + A : baisser*
TRAD 1 – Aujourd'hui, le temps a encore passé très lentement.
2 – Cet élève passe tout son temps libre à lire.
3 – Pouvez-vous me passer le beurre, s'il vous plaît ?
4 – Après être passé devant l'église, vous devez tourner à droite.
5 – Le nombre des chômeurs est passé de 3,8 millions à 4 millions.
6 – Nous sommes passés de la cuisine au salon.

7 – Quand allez-vous passer chez moi ?
8 – Qu'est-ce qui s'est passé hier soir ?

039 **la manif(estation), le manifestant, manifester pour/contre quelque chose**
AUX die Manifestation, der Manifestant, für/gegen etwas manifestieren
ORR **die Demo(nstration), der Demonstrant, für/gegen etwas demonstrieren**
OTE *die Manifestation* ; *(sich) manifestieren* existent au sens de : *expression, démonstration* ; *(se) démontrer,* mais sont rares.
RAD Avant l'ouverture du Mur, les citoyens de la RDA ont manifesté pendant des semaines contre le régime.

040 **sur le plan (culturel, etc.)**
AUX auf dem kulturellen Plan
ORR **auf kultureller Ebene**
OTE Le sens premier de *die Ebene* est *la plaine.* Dans le groupe prépositionnel *auf + adjectif (D) Ebene,* on omet souvent l'article. Retenir aussi le sens premier de *der Plan* : *le projet.*
RAD Beaucoup d'étrangers sont intégrés uniquement sur le plan professionnel, mais non sur le plan social.

041 **Cet homme est un modèle pour eux.**
AUX Dieser Mann ist ein Modell für sie.
ORR **Dieser Mann ist ein Vorbild für sie.**
OTE *Le modèle : das Modell* sauf au sens *le bon exemple* : *das Vorbild,* d'où l'adjectif *vorbildlich* : *exemplaire.*
RAD Les hommes politiques devraient être des modèles pour nous.

042 **profiter de la vie**
AUX vom Leben profitieren
ORR **das Leben genießen**
OTE *profiter, bénéficier (financièrement) de quelque chose – von etwas profitieren,* mais *profiter de, jouir de quelque chose – etwas genießen (genießt, genoss, genossen).*
RAD Avez-vous profité de vos vacances ?

043 **Il habite dans la Ruhr.**
AUX Er wohnt in der Ruhr.
ORR **Er wohnt im Ruhrgebiet.**

NOTE *die Ruhr* est le nom de la rivière qui traverse la plus importante région industrielle d'Allemagne qui s'appelle *das Ruhrgebiet.* Les villes les plus importantes situées dans le *Ruhrgebiet* sont Essen, Dortmund, Bochum, Duisburg, Oberhausen, Mülheim, Gelsenkirchen, Bottrop, Herne, Recklinghausen, Wanne-Eickel, Castrop-Rauxel.

TRAD La Ruhr se compose de plusieurs grandes villes.

044 **étudier quelque chose à l'école**

FAUX etwas in der Schule studieren

CORR **etwas in der Schule lernen/behandeln**

NOTE Le verbe *studieren* signifie surtout *faire des études universitaires.* Dans un domaine moins académique, utiliser, selon le sens, les verbes *lernen* : *apprendre, s'entraîner* ou bien *(etwas im Unterricht) behandeln* : *traiter (quelque chose en cours).*

TRAD Cet élève est resté à la maison ce soir pour étudier.

045 **du travail pénible**

FAUX peinliche Arbeit

CORR **harte Arbeit** ou bien **mühsame Arbeit**

NOTE *peinlich : embarrassant* ; *méticuleux.* Retenir l'expression : *Das ist mir peinlich – cela m'embarrasse, je suis gêné (moralement).*

TRAD Oskar n'est pas habitué à un travail si pénible.

046 **les qualités**

FAUX die Qualitäten

CORR **die Eigenschaften**

NOTE *la qualité* (toujours au singulier), *ce qui fait la valeur de quelque chose,* se traduit par *die Qualität* (toujours au singulier), mais *la qualité, la caractéristique, l'élément distinctif* donne *die Eigenschaft* (pluriel : *Eigenschaften*), substantif employé au singulier et au pluriel.

TRAD 1 – Pourquoi citez-vous uniquement ses mauvaises qualités ?
2 – Est-ce la qualité ou le prix qui vous amène à acheter un produit ?

047 **la figure, le visage**

FAUX die Figur

CORR **das Gesicht**

NOTE *die Figur* ne signifie pas *le visage,* mais surtout *la silhouette, la stature* (d'une personne) et aussi *la figurine, la pièce* (du jeu d'échecs, etc.).

TRAD Je me souviens très bien de sa figure.

048 **le costume** (pour homme)

FAUX das Kostüm

CORR **der Anzug**

NOTE *das Kostüm* signifie *le tailleur* (pour femme) et également *le costume* (mais seulement pour artistes ou pour le carnaval).

TRAD M. Kaiser est très satisfait de son nouveau costume d'hiver.

049 **le réalisateur (d'un film)**

FAUX der (Film-)Realisateur

CORR **der (Film-)Regisseur**

NOTE Le mot « réalisateur » n'existe pas en allemand.

TRAD Spielberg est le réalisateur américain qui a le plus de succès.

050 **provoquer un problème**

FAUX ein Problem provozieren

CORR **ein Problem hervor/rufen**

NOTE *provoquer une personne – jemanden provozieren,* mais *provoquer une chose – etwas hervor/rufen.*

TRAD Quand on le provoque, cela provoque/déclenche en lui facilement une grande colère.

051 **les informations** (télé)

FAUX die Informationen

CORR **die Nachrichten**

NOTE *les informations – die Informationen,* sauf au sens *actualités* (dans les médias) : *die Nachrichten,* pluriel de *die Nachricht – la nouvelle* ; *le message.*

TRAD 1 – Uli regarde tous les soirs les informations.
2 – Je ne possède pas d'informations sur sa vie privée.

052 **Nous n'avons plus d'électricité.**

FAUX Wir haben keine Elektrizität mehr.

CORR **Wir haben keinen Strom mehr.**

NOTE *die Elektrizität* appartient au langage scientifique et ne s'emploie pas dans la vie de tous les jours. Dire *der Strom* (pluriel : *die*

Ströme) dont le sens premier est *le courant* avec les deux sens *l'électricité* et *le fleuve.*

TRAD L'année dernière, le prix de l'électricité a baissé.

053 **J'ai eu une lettre aujourd'hui.**

FAUX Ich habe heute einen Brief gehabt.

CORR **Ich habe heute einen Brief bekommen/erhalten.**

NOTE *avoir, posséder : haben,* sauf au sens de *obtenir* : *bekommen.* Il faut surtout faire attention au passé composé *avoir eu* qui signifie souvent *avoir obtenu* : *bekommen haben.*

TRAD 1 – Rolf a eu cette montre/horloge à moitié prix.

2 – Quand il n'avait pas de travail, il avait plus de temps libre, mais aussi plus de soucis qu'aujourd'hui.

054 **un homme tout ordinaire**

FAUX ein ganz ordinärer Mensch

CORR **ein ganz gewöhnlicher Mensch**

NOTE L'adjectif allemand *ordinär* signifie, le plus souvent, *vulgaire.* L'adjectif *gewöhnlich* peut également adopter cette signification, mais le sens premier est celui de *ordinaire* en français.

TRAD Elle emploie parfois un langage plutôt vulgaire qu'elle évite pourtant dans la vie ordinaire.

055 **le garage** (pour faire réparer la voiture)

FAUX die Garage

CORR **die Autowerkstatt, die Werkstätten**

NOTE *die Garage* existe uniquement au sens *le garage pour garer sa voiture* (et non pas pour la faire réparer). Dans le mot composé *die Autowerkstatt,* on omet souvent le constituant *Auto.* Ne pas confondre le pluriel *die Werkstätten* avec ceux de *die Stadt* : *die Städte (les villes)* et de *der Staat* : *die Staaten (les États).*

TRAD 1 – Quand pourrai-je aller chercher ma voiture réparée au garage ?

2 – Leur garage n'est pas assez grand pour y garer leur Mercedes.

056 **l'état**

FAUX der Staat

CORR **der Zustand, ¨e**

NOTE *l'état* (avec une minuscule) : *der Zustand,* alors que *l'État* (avec une majuscule) : *der Staat, die Staaten.* Retenir aussi le faux ami *der Etat* qui ne signifie pas *l'État,* mais *le budget.*

TRAD L'État est dans un mauvais état.

057 **relativiser**
FAUX relativisieren
CORR **relativieren**
NOTE Le verbe allemand ne contient pas l'infixe *-is-*, alors que la plupart des autres verbes allemands d'origine française suivent le français : *rivalisieren, industrialisieren, banalisieren,* etc. Retenir aussi les exceptions *kritisieren : critiquer* et *explodieren* : *exploser* ainsi que les verbes en *-fizieren* qui correspondent le plus souvent aux verbes français en *-fier.*

EXEMPLES : *identifier – identifizieren* ; *personnifier – personifizieren,* etc., ainsi que *infecter – infizieren.*

TRAD Le petit nombre de candidats relativisait sa situation.

058 **Le paragraphe d'un texte**
FAUX der Paragraf eines Textes
CORR **der (Text-)Abschnitt**
NOTE *der Paragraf* (masculin faible) : *l'article* (dans les textes juridiques), mais *le paragraphe* (d'un texte non juridique) : *der Abschnitt.*
TRAD 1 – Résumez les deux premiers paragraphes de cet article de journal.
2 – Combien de fois a été réformé le paragraphe allemand 218 portant sur l'avortement ?

059 **le critique**
FAUX der Kritik
CORR **der Kritiker**
NOTE *la critique : die Kritik* (pluriel : *die Kritiken*), mais *le critique* : *der Kritiker.* Retenir l'expression très courante *an jemandem/etwas Kritik üben – critiquer quelqu'un/quelque chose.*
TRAD 1 – Tous les critiques ont loué son nouveau roman.
2 – Votre critique n'est pas justifiée.

060 **immoral**
FAUX immoralisch
CORR **unmoralisch**
NOTE Comme l'illustre cet exemple, il faut se méfier de laisser tels quels les préfixes de négation français *im-* et *in-* qui donnent souvent *un-*.
TRAD C'est immoral d'exploiter ces pauvres gens.

061 **le constructeur**

FAUX der Bauer *(= le paysan)*

CORR **der Hersteller**

NOTE *construire : bauen,* mais *der Bauer, n, n* (masculin faible) signifie *le paysan.* Le substantif *der Hersteller* : *le constructeur, producteur* est dérivé du verbe *her/stellen* : *produire.*

TRAD Si vous constatez des défauts, adressez-vous au constructeur.

3. Anglicismes

062 **se sentir seul**
AUX allein fühlen
ORR **sich allein fühlen**
IOTE avec pronom réfléchi en allemand comme en français. Ne pas calquer l'anglais *to feel alone.*
RAD Vous pouvez m'appeler à tout moment si vous vous sentez seul.

063 **perdre**
AUX lösen
ORR **verlieren**
IOTE L'anglais *to lose* signifie bien *perdre,* mais l'allemand *lösen* : *résoudre.* Ne pas calquer l'un sur l'autre.
RAD Je suis désolé qu'il ait perdu le match, mais, la prochaine fois, il ne va sûrement pas perdre encore.

064 **Il dépense beaucoup.**
AUX Er spendet viel.
ORR **Er gibt viel aus.**
OTE L'anglais *to spend* signifie bien *dépenser,* mais l'allemand *spenden* : *faire un don* et non pas *dépenser* qui donne *aus/geben.*
RAD Ils dépensent plus de trente pour cent de leurs salaires pour le loyer.

)65 **Les gens le savent.**
AUX Leute wissen es.
ORR **Die Leute wissen es.**
OTE L'anglais *people* s'emploie, en général, sans article, mais en allemand comme en français, on a l'article défini : *les gens : die Leute.*
RAD « Que pourraient bien penser les gens ? », se demanda-t-il.

066 **la plupart des problèmes**
FAUX meisten Probleme
CORR **die meisten Probleme**
NOTE L'anglais *most* au sens *la plupart de* s'emploie, en général, sans article défini, à la différence du français et de l'allemand où l'on a *la plupart de* + nom : *die meisten* + nom.
TRAD La faim est un problème pour la plupart des pays du Tiers Monde.

067 **Comme/puisque je vous connais, je vous crois.**
FAUX Als ich Sie kenne, glaube ich Sie.
CORR **Da ich Sie kenne, glaube ich Ihnen.**
NOTE a – La conjonction anglaise *as* peut prendre, en plus de la signification temporelle *lorsque, quand,* le sens causal *comme, puisque,* mais en allemand la conjonction *als* est limitée au sens temporel *quand, lorsque.* Pour traduire *comme, puisque,* dire *da.*
b – *glauben* est suivi du datif si le complément désigne une personne, alors qu'on a toujours un complément d'objet direct en français. Cf. l'exemple n° 435 *Je me demande si* pour les verbes qui n'ont pas le même régime que les verbes français correspondants.
TRAD 1 – Comme ils sont mariés, ils payent moins d'impôts.
2 – Menteur ! Je ne te crois pas !

068 **Ce sont nos amis.**
FAUX Sie sind unsere Freunde.
CORR **Das sind unsere Freunde.**
NOTE Pour traduire *ce sont,* l'allemand *das sind* est plus proche du français que de l'anglais où l'on dira *They/those are.*
TRAD Sur la photo, tu vois les Müller. C'étaient à l'époque mes voisins.

069 **Il a raison.**
FAUX Er ist Recht.
CORR **Er hat Recht.**
NOTE L'allemand *Recht haben* est plus proche du français *avoir raison* que de l'anglais *to be right.*
TRAD Certaines gens veulent toujours avoir raison.

070 **le supermarché**
FAUX der Supermarket
CORR **der Supermarkt**

NOTE Au contraire de l'anglais *market,* l'allemand *Markt* s'écrit sans *e.*
TRAD Elle travaille comme vendeuse dans un petit supermarché.

071 **aussi**
FAUX also
CORR **auch**
NOTE L'anglais *also* signifie bien *aussi,* mais l'allemand *also* : *donc.*
TRAD Quelques parents aussi étaient venus pour la fête des enfants.

072 **signifier**
FAUX meinen
CORR **bedeuten**
NOTE L'anglais *to mean* veut dire *signifier,* mais l'allemand *meinen* : *être d'avis / penser que.*
EXEMPLE : *Er meint, das sei unmoralisch – Il pense que c'est immoral.*
TRAD Leur pauvreté signifie qu'ils doivent chercher un appartement encore plus petit.

073 **et ainsi / et c'est pourquoi**
FAUX und so
CORR **und deshalb**
NOTE L'anglais *and so* signifiant *de cette façon, c'est pourquoi* s'emploie bien plus fréquemment que l'allemand *und so* qui est en général limité au sens *de cette façon,* marquant donc moins un rapport de conséquence que la manière.
TRAD J'ai besoin de ton aide, Karin, et c'est pourquoi je viens te voir.

074 **devenir**
FAUX bekommen
CORR **werden**
NOTE L'anglais *to become* signifie bien *devenir,* mais l'allemand *bekommen* : *obtenir.*
TRAD Après ses études, Uwe voudrait devenir professeur.

075 **sévère, sévèrement**
FAUX streng, strenglich
CORR **streng, streng**
NOTE *strenglich,* mot inventé parfois par les débutants, mais qui n'existe pas en allemand, est calqué sur la désinence *-ly* des adverbes

anglais, alors que les adverbes allemands, à la différence des adjectifs épithètes bien sûr, n'ont en général pas de désinence.

TRAD Le trafiquant de drogues fut sévèrement puni par le tribunal.

076 **Elle fut invitée par son amie.**

FAUX Sie wurde bei ihrer Freundin eingeladen.

CORR **Sie wurde von ihrer Freundin eingeladen.**

NOTE *bei* est ici faussement calqué sur l'anglais *by* pour traduire le complément d'agent au passif. L'allemand se sert, à cet effet, de la préposition *von* ou, moins fréquemment, de *durch* lorsque l'agent exprime plutôt la cause ou l'intermédiaire d'une action : *Wir sind durch ein Gewitter geweckt worden* : *Nous avons été réveillés par un orage.*

TRAD Les pull-overs de Sylvie ont été tricotés par sa grand-mère.

077 **montrer**

FAUX schauen

CORR **zeigen**

NOTE L'anglais *to show* signifie bien *montrer,* mais l'allemand *schauen* : *regarder.* Le français *montrer* donne *zeigen,* verbe faible : *zeigt, zeigte, gezeigt.*

TRAD Jürgen a regardé longtemps la photo avant de me la montrer.

078 **se demander**

FAUX (sich) wundern

CORR **sich fragen**

NOTE L'anglais *to wonder* signifie *se demander,* mais l'allemand *(sich) wundern* : *(s')étonner.*

TRAD Je me demande pourquoi tu t'en étonnes toujours.

079 **deux virgule cinq**

FAUX zwei Punkt fünf

CORR **zwei Komma fünf**

NOTE Dans les pays anglo-saxons, c'est un point qui précède la décimale dans un nombre décimal. Dans les pays germanophones, comme en France, on se sert d'une virgule.

TRAD Cette eau existe en bouteilles de 2,5 litres.

4. L'orthographe

080 **devoir**
FAUX müßen
CORR **müssen**
NOTE Jusqu'à la réforme de l'orthographe de 1999, après une voyelle brève, la lettre *ß* se transformait en *ss* à condition d'être suivie d'une autre voyelle. Donc, on ne trouvait jamais *-ss-* devant une consonne ou en fin de mot. Dorénavant, le *ß* sera remplacé par *-ss-* après toute voyelle brève sans exception aucune. EXEMPLES :

MÜSSEN	LASSEN	PRÉTÉRIT	PARTICIPE PASSÉ
ich muss	ich lasse	ich ließ	gelassen
du musst	du lässt	du ließest	
er muss	er lässt	er ließ	
wir müssen	wir lassen	wir ließen	
ihr müsst	ihr lasst	ihr ließet	
sie müssen	sie lassen	sie ließen	

TRAD Tu dois dire aux enfants quand ils doivent rentrer à la maison.

081 **Avez-vous... ?**
FAUX Haben-sie...?
CORR **Haben Sie...?**
NOTE a – Noter l'absence du trait d'union dans les questions
b – Les formes de politesse ont une majuscule. Donc :
— *ils/elles/les/eux : sie,* mais :
— *vous : Sie*

de même :
— *son/leur : ihr,* mais :
— *votre/vos : Ihr.*

TRAD 1 – Quand en aurez-vous le temps ?
2 – C'est leur problème.
3 – C'est votre problème.

082 **la jeunesse**

FAUX die Jungend

CORR **die Jugend**

NOTE Distinguer tous ces mots similaires dont certains perdent le *n* du radical quand la syllabe suivante se termine en *-d* :
— jung : jeune (adjectif)
— ein Junge, der Junge, -en (masculin faible) : le garçon (et non pas « le jeune »)
— die jungen Leute : les jeunes (qui ne sont pas forcément adolescents)
— die Jugend : la jeunesse
— ein Jugendlicher, der Jugendliche,-n (adjectif substantivé) : le jeune, l'adolescent

TRAD La jeunesse d'aujourd'hui ne veut plus entendre parler de ces choses.

083 **se souvenir de quelque chose**

FAUX sich errinern an

CORR **sich erinnern an + A**

NOTE Phrase mnémotechnique pour retenir l'orthographe : *nn* dans *Er kann sich an den Mann erinnern* : *Il se souvient de cet homme.* Le verbe *erinnern* est souvent accompagné du modal *können.*

TRAD Je me souviens encore bien de ta promesse.

084 **dormir**

FAUX schlaffen

CORR **schlafen**

NOTE Un seul *f* à tous les temps. Phrase mnémotechnique : *Er schlief tief* : *Il dormit profondément.*

TRAD Il est en train de dormir. Ne le réveille pas.

085 **trente**

FAUX dreizig

CORR **dreißig**

NOTE Seul *dreißig* contient un *-ß-*. Comparer : *zwanzig, vierzig, fünfzig, sechzig, siebzig, achtzig, neunzig.*

TRAD À l'âge de trente ans, la vie ne vient que de commencer.

086 **de nos jours**

FAUX heutezutag

CORR **heutzutage**

NOTE Le *e* final de *heute* disparaît dans le mot composé *heutzutage* où il se retrouve, en quelque sorte, à la fin.

TRAD Il faut s'attendre à tout de nos jours.

087 **d'autre part**

FAUX anderseits

CORR **andererseits**

NOTE Noter l'orthographe *-erer-* au milieu et retenir également *d'une part* : *einerseits.*

TRAD D'une part, les intérêts montent ; d'autre part, le pouvoir d'achat baisse.

088 **le camarade**

FAUX der Kamarad

CORR **der Kamerad**

NOTE Noter le changement de la voyelle par rapport au français. C'est d'ailleurs un masculin faible, c'est-à-dire qu'on a la désinence *-en* à tous les cas sauf au nominatif singulier. Sont des masculins faibles les substantifs d'origine étrangère se terminant en *-t, -d* ou *-ph.*

EXEMPLES : *der Christ, der Kommunist, der Philosoph, der Student, der Kamerad, der Soldat,* etc.

Ainsi que les masculins se terminant en *-e* et désignant des êtres animés : *der Junge, der Löwe, der Franzose, der Chinese, der Zeuge,* etc. À part ceux-ci, les masculins faibles les plus fréquents sont : *der Mensch, der Bär, der Katholik* ainsi que les suivants qui prennent à la place de *-en* un simple *-n* : *der Herr, der Nachbar, der Bauer, der Bayer, der Ungar.* Le pluriel de *Herr* est *Herren.*

Les substantifs suivants ont, en plus de la marque faible, un *-s* au génitif singulier. Certains d'entre eux s'emploient de plus en plus fréquemment avec un *-n* au nominatif : *der Buchstabe, der Friede/Frieden, der Gedanke, der Glaube/Glauben, der Haufen, der Name/Namen, der Samen, der Wille/Willen.*

TRAD 1 – J'ai rencontré hier dans la rue un camarade d'école.
2 – Le juge fit venir M. Stein, le dernier témoin.

089 **la vieille France**
FAUX das alte Franckreich
CORR **das alte Frankreich**
NOTE a – le *c* français donne ici un simple *k*.
b – Pour la présence exceptionnelle de l'article, voir l'item 163.
TRAD À quoi ressemblera la France du XXIe siècle ?

090 **le commerce**
FAUX der Händel
CORR **der Handel**
NOTE Sans *umlaut* tout comme le verbe correspondant *handeln* : *faire du commerce* ; agir. Donc, ne pas prononcer le substantif comme le nom du compositeur allemand Händel (avec *umlaut* comme d'ailleurs *der Händler* : *le marchand*).
TRAD Dans presque tous les pays, le commerce des drogues est interdit.

091 **européen, l'Européen**
FAUX europaisch, der Europaisch
CORR **europäisch, der Europäer**
NOTE Retenir le *umlaut* et les suffixes. Les adjectifs dérivés des noms de pays et continents se terminent en *-isch* mais les personnes en *-er* ou en *-e* telles que *der Däne, der Grieche* (masculins faibles). Voir l'item 108 « Je suis Français ».
TRAD Comme il possède un passeport européen, il doit bien être Européen.

092 **l'ex-URSS**
FAUX die ex-UDSSR
CORR **die Ex-UdSSR**
NOTE Noter la suite des lettres qui est différente du français ainsi que la majuscule dans *Ex-* et la minuscule dans *die UdSSR* : *die Union der Sozialistischen Sowjetrepubliken.*
TRAD Pendant la guerre froide, les États-Unis et l'URSS furent ennemis.

093 **l'ordinateur, les ordinateurs**
FAUX der Komputer, pluriel : die Komputers
CORR **der Computer**, pluriel : **die Computer**

NOTE Orthographe anglaise, mais pluriel allemand : La plupart des noms masculins et neutres en *-er* (ainsi qu'en *-en* et *-el*) restent inchangés au pluriel.

TRAD Bientôt, nous aurons besoin d'ordinateurs plus performants.

094 **mélancolique**

FAUX melankolisch

CORR **melancholisch**

NOTE Le *ch* que l'on a en allemand se prononce ici exceptionnellement comme un *k*.

TRAD Marie est toujours toute mélancolique en écoutant cette musique.

095 **la moyenne**

FAUX der Durschnitt

CORR **der Durchschnitt**

NOTE Pour retenir l'orthographe, noter que ce nom se compose de la préposition *durch* : *à travers* et du substantif *Schnitt* : *la coupure.* L'adjectif/adverbe correspondant est *durchschnittlich* : *moyen/en moyenne.*

TRAD Nous produisons en moyenne deux mille pièces par jour.

096 **pleuvoir, la pluie**

FAUX regnen, das Regnen

CORR **regnen, der Regen**

NOTE Le substantif a un *n* de moins que le verbe. Dans ce contexte, noter que le pluriel français *les pluies acides* se traduit par un singulier en allemand : *der saure Regen.*

TRAD Après la pluie durant des semaines entières, il a enfin cessé de pleuvoir.

097 **le confort, confortable**

FAUX der Konfort, konfortable

CORR **der Komfort, komfortabel**

NOTE Attention aux adjectifs en *-abel* qui perdent le *e* devant le *l* dès lors qu'ils sont déclinés.

EXEMPLES : *Das ist rentabel / ein rentabler Kredit. Das ist akzeptabel / ein akzeptabler Vorschlag.*

Retenir aussi l'adjectif *bequem* qui signifie également *confortable.*

TRAD Les chambres/pièces sont équipées de tout le confort.

098 **les maisons**
FAUX die Haüser
CORR **die Häuser**
NOTE En allemand, le *umlaut* se met toujours sur la première voyelle (EXEMPLES : *er läuft, die Einkäufe, das Äuglein,* etc.), à la différence du français où il figure en général sur la deuxième voyelle.
TRAD Dans ses rêves, la petite souris parcourt fréquemment de vastes maisons en fromage.

099 **fonctionner**
FAUX fonktionnieren
CORR **funktionieren**
NOTE Les mots allemands dérivés du français ne connaissent pas le redoublement du *n* très fréquent en français : *Aktion : aktionieren, Person : personifizieren,* etc.
TRAD Le distributeur d'argent n'a encore pas fonctionné aujourd'hui.

100 **la conjoncture**
FAUX die Konjonktur
CORR **die Konjunktur**
NOTE Noter le changement de voyelle par rapport au français.
TRAD Le succès de cette firme dépend de la conjoncture.

101 **faire faillite / être en faillite**
FAUX pleite machen / Pleite sein
CORR **Pleite machen / pleite sein**
NOTE On a une majuscule lorsque *Pleite* est un nom (avec les verbes *machen* et *gehen*) et une minuscule lorsque *pleite* est accompagné du verbe *sein.*
TRAD Personne ne s'attendait à ce que son entreprise fasse faillite si rapidement.

102 **l'égoïsme**
FAUX der Egoïsmus
CORR **der Egoismus**
NOTE Le *e* et le *i* ne portent jamais de *umlaut.* Donc : *der Mais, Haiti,* etc.
TRAD Si au moins ils avaient conscience de leur égoïsme !

03 **le désespoir**
AUX die Verzweifelung
ORR **die Verzweiflung**
OTE Le *e* tombe souvent quand le radical se termine en *-el (Zweifel)* et qu'il est suivi d'une voyelle, surtout quand le radical du verbe correspondant se termine en *-eln* :
— zweifeln, ich zweif(e)le, die Verzweiflung
— handeln, ich hand(e)le, die Handlung
RAD La mauvaise nouvelle l'avait plongée dans le désespoir.

04 **la difficulté**
AUX die Schwerigkeit
ORR **die Schwierigkeit**
OTE Ne pas confondre l'orthographe des deux mots allemands signifiant *dur, difficile* : *schwer* (sans i) et *schwierig* (avec i). C'est de ce dernier adjectif qu'est dérivé *die Schwierigkeit.*
RAD Je n'ai pas eu de difficultés en traversant la frontière.

05 **une paire de chaussures**
AUX ein paar Schuhe
ORR **ein Paar Schuhe**
OTE Depuis longtemps, *ein paar* ne signifie plus *une paire,* mais est synonyme de *einige* et signifie donc simplement *quelques.* C'est pour cette dégénération du sens premier que l'on met une minuscule. Pour retrouver le sens premier *une paire,* on a une majuscule. *Paar* reste au singulier quand le nom qui suit est au pluriel.
RAD 1 – Elle lui a offert quatre paires de chaussettes.
2 – Il n'est resté chez nous que quelques jours.

06 **l'agression, agressif**
AUX die Agression, agressiv
ORR **die Aggression, aggressiv**
OTE *-gg-* comme en anglais
RAD Cet article se distingue par un ton plutôt agressif.

07 **l'espoir, espérer**
AUX die Höffnung, höffnen
ORR **die Hoffnung, hoffen**

NOTE Noter l'absence du *umlaut* et l'absence du *n* dans le radical du verbe. Il ne faut pas confondre celui-ci avec *öffnen* : *ouvrir,* d'où *die Öffnung* : *l'ouverture.* Retenir aussi :

— hoffentlich : il faut espérer que

— öffentlich : public, publiquement

— (neue) Hoffnung schöpfen : (re)prendre espoir

TRAD J'espère que cette bonne nouvelle lui fera reprendre espoir.

5. Noms et pronoms

08 **Je suis Français/Française.**

AUX Ich bin französisch.

ORR **Ich bin Franzose/Französin.**

OTE Les noms de personnes ne se terminent pas en *-isch* (à la différence des langues et des adjectifs correspondants), mais en *-er* (pluriel inchangé) ou en *-e*. Ces derniers sont des masculins faibles, on a donc *-en* à tous les cas sauf au nominatif singulier. Comparer :

— les noms de personnes en *-er* qui se déclinent normalement : *ein Japaner, der Japaner, den Japaner, dem Japaner, des Japaners,* pluriel : *die Japaner, viele Japaner*

— les masculins faibles (qui se terminent en *-e* au nominatif singulier et en *-en* à tous les autres cas) : *ein Franzose, der Franzose, den Franzosen, dem Franzosen, des Franzosen,* pluriel : *die Franzosen, viele Franzosen*

EXCEPTION : *der Deutsche,* substantif qui se décline comme un adjectif (la différence par rapport au masculin faible *der Franzose* est manifeste par exemple après *ein* et des quantificateurs comme *viele*) : *ein Deutscher, eine/die Deutsche, der Deutsche, den Deutschen, dem Deutschen, des Deutschen,* pluriel : *die Deutschen, viele Deutsche.*

Le féminin des autres noms se termine en *-in(nen),* le *e* final du masculin disparaît : *die Chinesin(nen), die Griechin(nen), die Irin(nen), die Spanierin(nen).* Le féminin de *Franzose* est *Französin(nen)* (avec *umlaut*).

PERSONNES	PAYS ; ADJECTIF = LANGUE
Er ist Deutscher	und wohnt in Deutschland.
Sie sind Deutsche	und sprechen Deutsch.
Er ist Franzose	und wohnt in Frankreich.
Sie sind Franzosen	und sprechen Französisch.

PERSONNES	PAYS ; ADJECTIF = LANGUE
Er ist Däne Sie sind Dänen	und wohnt in Dänemark. und sprechen Dänisch.
Er ist Engländer Sie sind Engländer	und wohnt in England. und sprechen Englisch.
Er ist Ire Sie sind Iren	und wohnt in Irland. und sprechen irisches Englisch.
Er ist Italiener Sie sind Italiener	und wohnt in Italien. und sprechen Italienisch.
Er ist Niederländer Sie sind Niederländer	und wohnt in den Niederlanden. und sprechen Niederländisch.
Er ist Spanier Sie sind Spanier	und wohnt in Spanien. und sprechen Spanisch.
Er ist Portugiese Sie sind Portugiesen	und wohnt in Portugal. und sprechen Portugiesisch.
Er ist Grieche Sie sind Griechen	und wohnt in Griechenland. und sprechen Griechisch.
Er ist Belgier Sie sind Belgier	und wohnt in Belgien. und sprechen belgisches Französisch.
Er ist Schwede Sie sind Schweden	und wohnt in Schweden. und sprechen Schwedisch.
Er ist Norweger Sie sind Norweger	und wohnt in Norwegen. und sprechen Norwegisch.
Er ist Finne Sie sind Finnen	und wohnt in Finnland. und sprechen Finnisch.
Er ist Österreicher Sie sind Österreicher	und wohnt in Österreich. und sprechen österreichisches Deutsch.
Er ist Schweizer Sie sind Schweizer	und wohnt in der Schweiz. und sprechen (Schweizer)deutsch.
Er ist Türke Sie sind Türken	und wohnt in der Türkei. und sprechen Türkisch.
Er ist Pole Sie sind Polen	und wohnt in Polen. und sprechen Polnisch.
Er ist Ungar[1] Sie sind Ungarn	und wohnt in Ungarn. und sprechen Ungarisch.
Er ist Russe Sie sind Russen	und wohnt in Russland. und sprechen Russisch.

[1] Le seul masculin faible se terminant en *-r* est *der Ungar* : *des Ungarn, dem Ungarn, den Ungarn (le Hongrois).*

PERSONNES	PAYS ; ADJECTIF = LANGUE
Er ist Amerikaner	und wohnt in Amerika.
Sie sind Amerikaner	und sprechen amerikanisches Englisch.
Er ist Kanadier	und wohnt in Kanada.
Sie sind Kanadier	und sprechen kanadisches Englisch/Französisch.
Er ist Japaner	und wohnt in Japan.
Sie sind Japaner	und sprechen Japanisch.
Er ist Chinese	und wohnt in China.
Sie sind Chinesen.	und sprechen Chinesisch.
Etc	

RAD Bien que sa mère soit Grecque, il ne parle le grec que par bribes.
Je connais deux Allemands, un Français, un Espagnol et un Danois.

09 **En France**
AUX Im Frankreich
ORR **In Frankreich**
OTE La plupart des noms de pays s'emploient sans article (cf. le chapitre 6 consacré au genre), donc la préposition *in* suffit.
RAD Il mène une vie de coq en pâte. (*Traduire par :* comme Dieu en France.)

10 **Les deux Allemagne**
AUX die beiden Deutschländer
ORR **die beiden deutschen Staaten**
OTE *Deutschland* ne se met pas au pluriel. Cependant, on rencontre occasionnellement, même dans la presse, les pluriels fautifs *Deutschländer* et *Deutschlands.* Dire plutôt : *Die beiden deutschen Staaten : les deux États allemands.*
RAD Jusqu'en 1989, presque personne ne s'attendait à la réunification des deux Allemagne.

11 **Les pays de l'Est**
AUX die Ostländer
ORR **die Länder im Osten (Europas/Deutschlands,** etc.),
die osteuropäischen/ostdeutschen Länder

NOTE Il existe bien des mots composés avec *Ost-*, *West-*, *Nord-* et *Süd-* qui peuvent précéder les noms géographiques et leurs dérivés désignant les habitants : *Nordeuropa, der Nordeuropäer* ; *Südfrankreich, der Südfranzose* ; *Ostdeutschland, der Ostdeutsche/Westdeutschland, der Westdeutsche* ainsi que certains noms admis par l'usage. Quelques exemples : *der Westwind* : *le vent d'ouest* ; *die Ost-* (ou : *West-*)*löhne* : *les salaires en Allemagne de l'Est (de l'Ouest)* – *der Südländer* : *le méridional,* etc. Dans la plupart des autres cas, on se sert soit du génitif *(die Bewohner des Westens : les habitants de l'Ouest),* soit, plus couramment, d'un locatif, le plus souvent *im* qui suit le nom et précède *Osten, Westen, Norden, Süden* : *die Menschen im Norden, die Arbeitslosigkeit im Osten,* etc. On peut parfois rencontrer, dans la langue journalistique, des mots composés tels que *die Westmentalität* ou *der Ostrentner* qui ne sont pas admis par l'usage et qui peuvent avoir une connotation appréciative (souvent péjorative).

À part cela, on rencontre les adjectifs *östlich, westlich, südlich, nördlich* : *ein nördliches Klima, die südlichste Stadt Europas,* surtout avec le génitif (ou *von* avec les noms propres sans article) pour signifier *à l'ouest,* etc., *de* : *westlich des Rheins, südlich von Bayern.*

TRAD 1 – Les pays occidentaux ont plus l'expérience du capitalisme que ceux de l'Est.

2 – Le Danemark est situé au nord de l'Allemagne.

3 – Dans le sud, il pleut moins que dans le nord.

4 – Il a fait un voyage en Afrique du Sud.

112 **Les économies de ces pays sont en retard.**

FAUX Die Wirtschaften dieser Länder sind rückständig.

CORR **Die Wirtschaft dieser Länder ist rückständig.**

NOTE Le pluriel *Wirtschaften* n'est pas courant. Dire soit *die Volkswirtschaften,* soit *die Wirtschaft* qu'on laissera au singulier malgré l'éventuelle ambiguïté du sens. *Die Wirtschaft* peut aussi signifier *le bar, le bistrot,* mais l'on entend ce mot de moins en moins souvent, dans ce sens-là. On préfère employer soit *die Gaststätte* : *l'auberge, le bar,* soit, en allemand familier, *die Kneipe* : *le bar, le bistrot, le café.* Faire attention : *das Café* est un faux ami qui signifie *le salon de thé* (où l'on prend pourtant, le plus souvent, du café). Pour *les économies* au sens de *l'épargne,* il faut dire *die Ersparnisse,* dérivé du verbe *sparen* : *faire des économies.*

TRAD 1 – Quelles mesures peuvent être prises afin que les économies des pays de l'Est deviennent plus efficaces ?
2 – Que font les gens de leurs économies ?

113 **Les immigrés**
FAUX die Gastarbeiter
CORR **die Einwanderer / Zuwanderer.**
NOTE Distinguer :
— *der Einwanderer / Zuwanderer : l'immigré* (qui n'a pas forcément été invité à immigrer) ; c'est donc un terme très général, mais attention : tous les « immigrés » ne sont plus étrangers s'ils se sont fait naturaliser *(sich einbürgern lassen)*. Retenir aussi les verbes *ein/wandern* et *zu/wandern* (auxiliaire *sein*) : *immigrer.*
— *der Ausländer : l'étranger,* terme très général.
— *der Gastarbeiter : l'immigré,* souvent turc, qui a été invité, à partir des années soixante, à venir travailler en Allemagne parce qu'on manquait de main-d'œuvre. S'ils n'avaient aucun parent allemand, le droit du sang en vigueur *(das Abstammungsprinzip)* ne prévoyait pas que ces immigrés ou leurs enfants nés en Allemagne obtiennent la nationalité allemande *(die deutsche Staatsangehörigkeit)*. Depuis 2000, le droit du sang est complété par le droit du sol *(das Territorialprinzip)* et une naturalisation plus rapide.
— *der Aussiedler : l'immigré de souche allemande (der Einwanderer deutscher Abstammung) ; le rapatrié,* venant le plus souvent, depuis la chute du communisme, de la Pologne ou de l'ancienne URSS où plus de trois millions de personnes ont formé une *minorité de souche allemande* : *die deutsche Minderheit.* En raison du droit du sang, qui continue d'exister à côté du droit du sol, ces immigrés obtiennent d'office la nationalité allemande à condition toutefois d'avoir passé avec succès un test linguistique.
— *der Flüchtling : le réfugié* venant du monde entier.
— *der Asylant* (masculin faible) : *le réfugié* qui a demandé le droit d'asile *(Asyl beantragen).*
TRAD 1 – L'Allemagne s'attend à de plus en plus d'immigrés du monde entier.
2 – Les travailleurs immigrés et leurs enfants nés en Allemagne peuvent obtenir la nationalité allemande.
3 – Les immigrés de souche allemande ne sont pas des étrangers.

114 **Ratisbonne est sur le Danube.**
FAUX Ratisbonn ist auf dem Danub.
CORR **Regensburg liegt an der Donau.**

NOTE a – *être situé sur* (un fleuve) : *liegen an* (einem Fluss)
b – De nombreux fleuves et villes n'ont pas le même nom ou genre qu'en français ; les plus importants sont :

FLEUVES

le Danube	– die Donau
la Moselle	– die Mosel
le Rhin	– der Rhein
le Rhône	– die Rhone
la Sarre	– die Saar

VILLES

Aix-la-Chapelle	– Aachen	Athènes	– Athen
Brême	– Bremen	Bâle	– Basel
Cologne	– Köln	Belgrade	– Belgrad
Dresde	– Dresden	Berne	– Bern
Fribourg	– Freiburg	Bruxelles	– Brüssel
Francfort	– Frankfurt	Copenhague	– Kopenhagen
Hambourg	– Hamburg	Genève	– Genf
Hanovre	– Hannover	La Haye	– Den Haag
Mayence	– Mainz	Liège	– Lüttich
Mulhouse	– Mülhausen	Lisbonne	– Lissabon
Munich	– München	Londres	– London
Nice	– Nizza	Luxembourg	– Luxemburg
Nuremberg	– Nürnberg	Milan	– Mailand
Ratisbonne	– Regensburg	Moscou	– Moskau
Sarrebruck	– Saarbrücken	Naples	– Neapel
Strasbourg	– Straßburg	Pékin	– Peking
Trèves	– Trier	Prague	– Prag
		Rome	– Rom
		Tokyo	– Tokio
		Varsovie	– Warschau
		Venise	– Venedig
		Vienne	– Wien
		Zurich	– Zürich

TRAD 1 – Cologne est sur le Rhin.
2 – Nice et Strasbourg sont des villes françaises.
3 – La Moselle traverse Trèves.

115 **le tiers de la population**
FAUX das Drittel der Bevölkerung
CORR **ein Drittel der Bevölkerung**
NOTE Les nombres fractionnaires s'emploient sans article défini : *ein Viertel, ein Fünftel, zwei Sechstel, vier Siebtel, ein Zehntel, zwei Hundertstel, ein Tausendstel,* etc.
TRAD Le candidat obtint les trois quarts des suffrages.

116 **l'humanité entière**
FAUX die ganze Menschlichkeit
CORR **die ganze Menschheit**
NOTE *L'humanité, le genre humain : die Menschheit.* Mais *l'humanité, la bonté* : *die Menschlichkeit,* dérivé de *menschlich* : *humain.*
TRAD La destruction de l'environnement concerne l'humanité entière.

117 **tout le monde**
FAUX die ganze Welt
CORR **alle (Leute) ; jeder**
NOTE Distinguer :
— *tout le monde* : *alle (Leute)* (pluriel).
— *(tout un) chacun* : *jeder* (singulier).
— *le monde entier : die ganze Welt.*
TRAD 1 – Tout le monde a été content de l'invitation.
2 – Cette crise a touché les économies du monde entier.

118 **le président Gorbatchev**
FAUX der Präsident Gorbatchev
CORR **Präsident Gorbatschow**
NOTE a – Distinguer les orthographes différentes en français *(Gorbatchev/Eltsine/Poutine),* allemand *(Gorbatschow/Jelzin/Putin)* et anglais *(Gorbachev/Yeltsin/Putin).* La transcription des noms russes se fait, en général, différemment selon la langue.
b – Les titres s'emploient sans article défini quand ils sont suivis d'un nom propre.
TRAD À l'époque de la réunification allemande, c'étaient le chancelier Kohl et le président Gorbatchev qui étaient au pouvoir.

119 **le ministre de la Culture**
FAUX der Kulturminister
CORR **der Kultusminister**

NOTE On dira *der Kultusminister* pour désigner les ministres de la Culture des États fédérés allemands, ministres qui sont non seulement responsables de la culture, mais aussi des cultes, d'où cette désignation qui montre bien les liens étroits qui existent en Allemagne entre l'État et les Églises. Pour désigner les ministres responsables de la culture du pays entier, on dira *der Kulturminister.* Retenir aussi : *der Bildungsminister – le ministre de l'Éducation.*

TRAD Les ministères allemands de la Culture sont aussi responsables de l'enseignement et des écoles.

120 **le ministre-président**

FAUX der Präsident-minister

CORR **der Ministerpräsident** (masculin faible)

NOTE Le mot composé français est calqué sur l'allemand pour désigner les ministres-présidents des États fédérés allemands. Le substantif *der Ministerpräsident* peut désigner aussi les Premiers ministres d'autres pays.

TRAD Mis à part Berlin, Hambourg et Brême, chaque État fédéré allemand a un ministre-président.

121 **l'homme politique**

FAUX der politische Mann

CORR **der Politiker** (féminin : **die Politikerin**)

NOTE Cas isolé où l'adjectif français *politique* ne donne pas *politisch.*

TRAD Ces étudiants aimeraient bien devenir des hommes politiques.

122 **l'homme d'affaires, les hommes d'affaires**

FAUX der Geschäftsmann, die Geschäftsmänner

CORR **der Geschäftsmann, die Geschäftsleute**

NOTE Retenir aussi *le commerçant* : *der Kaufmann,* pluriel : *die Kaufleute.* Faire la différence entre ces derniers et *der Händler* (pluriel inchangé) : *le marchand.*

TRAD Les hommes d'affaires se prononcent pour une modification des heures de fermeture des magasins.

123 **l'acheteur**

FAUX der Kaufmann (qui signifie *le commerçant*)

CORR **der Käufer**

NOTE Éviter ce contresens qu'on rencontre assez souvent chez les étudiants et élèves. À part cela, le pluriel de *der Kaufmann* est *die Kaufleute* : *les commerçants, les commerciaux.*

TRAD Mme Winter ne trouve pas d'acheteur pour sa vieille Ford.

124 **le professeur d'allemand/d'anglais,** etc.

FAUX der deutsche/englische Lehrer

CORR **der Deutschlehrer/Englischlehrer**

NOTE *der deutsche/englische Lehrer : le professeur allemand/anglais,* c'est-à-dire d'origine allemande/anglaise.

TRAD Comment s'appelait mon professeur de français déjà ?

125 **le professeur d'histoire**

FAUX der Geschichtelehrer

CORR **der Geschichtslehrer**

NOTE Pour lier le nom *Geschichte* au sens de *l'Histoire* (la science humaine) à un autre nom, on se sert de l'élément de liaison *-s-* (avec la chute du *-e*), mais du pluriel *Geschichten-* au sens de *l'histoire* (que l'on raconte) : *der Geschichtenerzähler* : *le raconteur d'histoires,* etc.

TRAD Il ne s'ennuie jamais en cours d'histoire.

126 **le beau-frère, la belle-sœur**

FAUX der Schwiegerbruder, die Schwiegerschwester

CORR **der Schwager, die Schwägerin**

NOTE Retenir :

— der Schwager : le beau-frère
— die Schwägerin : la belle-sœur
— der Schwiegersohn : le beau-fils
— die Schwiegertochter : la belle-fille
— der Schwiegervater : le beau-père
— die Schwiegermutter : la belle-mère
— die Schwiegereltern : les beaux-parents

Mais on dira *der Stiefvater, die Stiefmutter* : *le beau-père, la belle-mère* pour désigner le second conjoint de nos parents ; et *die Stiefeltern* pour les parents adoptifs.

TRAD Bien que Mathias n'ait même pas vingt ans, il a déjà trois belles-sœurs et un beau-frère.

127 **Nous devons parler de ces choses.**
FAUX Wir müssen über diese Sachen sprechen.
CORR **Wir müssen über diese Dinge sprechen.**
NOTE À l'aide du tableau ci-dessous, distinguer minutieusement *das Ding, die Sache* et *die Angelegenheit* ainsi que *la chose* et *l'affaire* en français :

	SENS CONCRET		SENS ABSTRAIT	
Singulier	Chose	Ding	Chose Affaire	Sache Sache Angelegenheit
Pluriel	Choses Affaires	Dinge Sachen	Choses Affaires	Dinge Angelegenheiten

TRAD 1 – C'est une chose qui nous concerne tous.
2 – Ce sont des choses qui nous concernent tous.
3 – Enlève cette chose de ma chaise.
4 – Occupez-vous de vos affaires !

128 **autre chose**
FAUX etwas anders (signifie *un peu différent*)
CORR **etwas anderes** *ou* **etwas Anderes**
NOTE *quelque chose de, rien de, quelqu'un de, personne de* + adjectif donnent *etwas, nichts, jemand, niemand* + adjectif. Cet adjectif est substantivé et du genre neutre. Il se termine donc en *-es* (sauf au datif : *-em*) et prend une majuscule.

EXEMPLE : *quelqu'un de nouveau : jemand Neues* ou bien : *rien d'intéressant : nichts Interessantes.*

On a une minuscule seulement dans *etwas anderes* (et *etwas solches,* syntagme qu'on n'entend presque plus de nos jours, à la différence de son synonyme *so etwas* : *une telle chose*). La nouvelle orthographe admet *etwas Anderes* à côté de *etwas anderes.* Ne pas confondre *anderes* avec *anders* (sans le *e*) qui signifie *différent.*

TRAD 1 – La semaine dernière, vous avez dit autre chose pourtant.
2 – Penses-tu à quelqu'un de particulier ?

129 **On paye avant d'entrer**
FAUX Man bezahlt, bevor er hineingeht.
CORR **Man bezahlt, bevor man hineingeht.**

NOTE Une faute très fréquente consiste à reprendre *man* par *er,* sans doute parce que *man* et *Mann* sont confondus. *Man* s'emploie comme *on* en français.

TRAD Quand on veut faire un gâteau, on a besoin d'un four.

130 **celui qui**

FAUX dieser, der

CORR **der, der** ou bien : **derjenige, der**

NOTE *celui-ci : dieser,* mais *celui* devant un pronom relatif donne *der.* Ce démonstratif, qui ressemble à l'article défini, se décline comme un pronom relatif (sauf au génitif où l'on a *derer,* alors que le pronom relatif est *deren*). Pour améliorer son style, on peut remplacer le premier *der* par *jener* qui se décline comme l'article défini *(jener, jenen, jenem, jenes,* etc.*)* ou par *derjenige,* où *der* se décline alors comme l'article défini et *jenige* comme un adjectif (*derjenige, denjenigen, demjenigen, desjenigen,* etc.)

TRAD 1 – Ceux qui m'aideront seront récompensés.

2 – Les parents de ceux à qui je vais donner cette lettre sont priés de me contacter le plus vite possible.

131 **trois personnes**

FAUX drei Personnen

CORR **drei Leute / (Personen)**

NOTE Éviter *Person* qui appartient plutôt à l'allemand administratif. Le pluriel *Personen,* qui s'écrit avec un seul *-n-,* est généralement remplacé par *die Menschen* ou, plus fréquemment encore, par *die Leute* : *les gens,* substantif qui peut être accompagné d'un nombre cardinal (à la différence de *gens* en français).

TRAD Sur le banc étaient assises deux personnes âgées.

132 **deux verres de bière**

FAUX zwei Biergläser / Gläser Bier

CORR **zwei Glas Bier**

NOTE Les noms masculins et neutres considérés comme unités de mesure et déterminés par un nombre ne se mettent pas au pluriel, sauf les unités de temps et les noms féminins polysyllabiques :

TRAD 1 – deux verres de vin

2 – deux jours/semaines/mois de vacances

3 – trois grammes/livres/kilos de riz

4 – cinq paires de chaussettes
5 – vingt marks/dollars/euros/francs
6 – dix feuilles de papier
7 – il écrit sur des feuilles de papier
8 – quatre morceaux de gâteau
9 – qui a fabriqué ces morceaux ?
10 – sept bouteilles de bière
11 – sept bouteilles à bière
12 – trois tasses de café
13 – nous sommes cinq *(en parlant d'une équipe)*
14 – nous sommes cinq hommes *(et non cinq femmes)*

133 **un peu de**

FAUX ein paar

CORR **etwas**

NOTE *ein paar,* synonyme de *einige,* signifie *quelques* et est donc obligatoirement accompagné d'un pluriel, au contraire de *etwas* : *un peu,* suivi d'un substantif au singulier.

TRAD Puis-je encore avoir un peu de lait, s'il vous plaît ?

134 **les goûts des gens**

FAUX die Geschmäcker der Leute

CORR **der Geschmack der Leute**

NOTE Le pluriel *Geschmäcker* n'est pas très usuel. Le plus souvent, on laisse *der Geschmack* au singulier, et ce malgré le manque de précision.

TRAD Les goûts des consommateurs changent entièrement d'une année à l'autre.

135 **le sport, les sports**

FAUX der Sport, die Sporten

CORR **der Sport, die Sportarten**

NOTE Comme il n'existe pas de véritable pluriel de *der Sport,* on a recours à *die Sportarten* : *les disciplines sportives.* Comparer le pluriel de *die Musik* qui est *die Musikarten* : *les genres de musique.* Mais on ne se servira de ces pluriels que lorsque le singulier n'est vraiment plus possible.

TRAD 1 – Jean-Baptiste s'intéresse à plusieurs sports.
2 – La Techno et la Rave, ce sont des musiques nées dans les années quatre-vingt-dix.

136 **la dispute, les disputes**
FAUX die Disput, e / der Streit, en
CORR **der Streit, die Streitigkeiten** (ou le mot savant et rare : **der Disput, e**)
NOTE Comme il n'existe pas de véritable pluriel de *der Streit* (nom masculin !), on a recours à *die Streitigkeiten.*
TRAD Les disputes ont culminé en bagarre.

137 **les pouvoirs publics**
FAUX die öffentlichen Mächte
CORR **die öffentlichen Gewalten**
NOTE *le pouvoir, la puissance : die Macht.* Pour traduire le pluriel français *pouvoirs, puissances,* on laisse *Macht* au singulier ou bien on le substitue, selon le sens spécifique, par un autre nom : *les pouvoirs du président : die Macht / die Machtbefugnisse des Präsidenten.*

EXCEPTION : *les puissances victorieuses : die Siegermächte.*
TRAD Les pouvoirs publics ont une grande influence sur la vie des citoyens.

138 **La RDA fut un État communiste.**
FAUX Die BRD war ein kommunistischer Staat.
CORR **Die DDR war ein kommunistischer Staat.**
NOTE — *la RFA (la République fédérale d'Allemagne) : die BRD (die Bundesrepublik Deutschland)*
— *la RDA (la République démocratique allemande : die DDR (die Deutsche Demokratische Republik).*

En confondant ces deux (anciens) États allemands, on produit non seulement un faux sens, mais un contresens. Moyen mnémotechnique : Il n'y a que dans *RDA* et *DDR* qu'une des lettres (le D) figure, en français comme en allemand, à la même place, au milieu. Par ailleurs, il ne faut pas tirer de fausses conclusions du constituant *demokratisch* dans *Die Deutsche Demokratische Republik,* ancien État communiste. Noter aussi que l'Allemagne unifiée s'appelle officiellement comme l'ancienne Allemagne de l'Ouest : *Die Bundesrepublik Deutschland.* Le plus souvent, on dit tout court *Die Bundesrepublik.* Avant la réunification, l'emploi du sigle BRD, très répandu dans l'ancienne RDA, était considéré comme étant péjoratif et donc plus ou moins proscrit en Allemagne de l'Ouest, et il l'est toujours un peu. Pour désigner l'ex-

RDA, c'est l'inverse : dans l'Allemagne entière, on utilise presque toujours le sigle *die DDR*.

TRAD Pour voyager de la RFA à Berlin avant la réunification, on traversait une bonne partie du territoire de la RDA, à moins de prendre l'avion.

139 **le billet d'avion**

FAUX die Flugkarte

CORR **das Flugticket**

NOTE *le billet* (*d'entrée,* etc.) *: die (Eintritts-)Karte.* Pour les moyens de transport, on utilise *die Fahrkarte* ou *der Fahrschein,* mais pour le billet d'avion, l'usage n'admet que l'anglicisme *das Flugticket* (génitif et pluriel en *-s*).

TRAD Cette agence de voyage propose des billets d'avion très bon marché pour le Canada.

140 **l'industrie automobile**

FAUX die Wagenindustrie

CORR **die Autoindustrie**

NOTE Éviter le mot familier *der Wagen* dans les contextes où l'on généralise sans faire référence à une voiture précise.

TRAD 1 – L'air est pollué par les voitures.
2 – Est-ce que je peux prendre ta voiture ce soir ?

141 **Ils n'ont pas d'emploi/de travail.**

FAUX Sie haben keinen Beruf.

CORR **Sie haben keine Arbeit.**

NOTE Ne pas confondre *der Beruf* : *le métier* et *die Arbeit* : *le travail* ; *l'emploi,* puisqu'on peut avoir un emploi sans avoir de métier.

TRAD Depuis quand est-ce que Gerhard recherche un travail ?

142 **un chômeur**

FAUX ein Arbeitlös

CORR **ein Arbeitsloser**

NOTE *der Arbeitslose* se décline comme un adjectif, c'est-à-dire avec une désinence en fonction du déterminant qui précède. En outre, on a un *-s-* entre le radical et le suffixe privatif *-los* qui s'écrit toujours sans *umlaut.* Phrase mnémotechnique : les chômeurs n'ont ni travail ni tréma *(= umlaut).*

TRAD Les chômeurs d'un certain âge ont beaucoup de mal à retrouver un emploi.

143 **la protection de l'environnement**
AUX der Umweltschmutz
ORR **der Umweltschutz**
OTE Éviter ce contresens, car *der Schmutz* signifie *la saleté* et *der Schutz* : *la protection.* Pour *la pollution de l'environnement,* dire : *die Umweltverschmutzung.*
RAD Les écologistes plaident en faveur de mesures très strictes pour la protection de l'environnement.

144 **le fait qu'il soit jeune...**
AUX die Tat, dass er jung sei...
ORR **die Tatsache, dass er jung ist...**
OTE a – *die Tat, en : l'acte,* mais *die Tatsache, n* : *le fait.*
b – de façon très générale, on peut dire que le subjonctif français entraîne l'indicatif allemand, l'emploi du subjonctif étant limité au discours rapporté.
RAD (Le fait) qu'ils soient riches ne signifie point qu'ils soient heureux également.

145 **le meurtre de quelqu'un**
AUX der Mörder von jemandem
ORR **der Mord an jemandem**
OTE Ne pas confondre les substantifs suivants qui se ressemblent en français, allemand et anglais sans signifier la même chose :

FRANÇAIS	ALLEMAND	ANGLAIS
la mort le meurtre le meurtrier	der Tod der Mord der Mörder	death murder murderer

L'allemand *Mord* et le français *mort* ainsi que l'allemand *Mörder* et l'anglais *murder* se ressemblent beaucoup, mais leurs significations sont différentes.
RAD On parle toujours du meurtre du Président J. F. Kennedy.

146 **la construction de / construire l'Europe**
AUX der Bau Europas / Europa bauen
ORR **der Aufbau Europas / Europa aufbauen**
OTE *bauen* et *der Bau* ne s'emploient qu'au sens concret : *der Bau der Berliner Mauer.* Au sens figuré, on a *auf/bauen* et *der Aufbau.*

TRAD On fait de plus en plus de progrès dans la construction européenne.

147 **le comportement social**
FAUX das soziale Benehmen
CORR **das soziale Verhalten**
NOTE *das Benehmen : le comportement, la conduite* (que l'on juge selon les « bonnes mœurs »), mais *das Verhalten* : *le comportement* est bien plus courant, surtout quand les critères de jugement sont plus objectifs, par exemple dans un contexte sociologique. *Das soziale Benehmen* ne se dit pas. *Das Benehmen* et le verbe *sich benehmen* peuvent presque toujours être remplacés par *das Verhalten* et *sich verhalten,* sauf dans certaines locutions : *Benimm dich* ! – *Conduis-toi bien !* ou encore *Er kann sich nicht benehmen – Il ne sait pas se conduire.*
TRAD L'auteur critique le comportement social des parents.

148 **la fête de la bière de Munich**
FAUX das Bierfest von München
CORR **das Münchner Oktoberfest**
NOTE Plus que le français, l'allemand se sert des adjectifs dérivés des noms de villes. Ces adjectifs se terminent en *-er,* sont invariables et prennent une majuscule.
TRAD Le marché de Noël de Nuremberg est très célèbre.

149 **la maladie**
FAUX die Krankenheit
CORR **die Krankheit**
NOTE Mais *l'hôpital* : *das Krankenhaus,* où *-en* représente la désinence du pluriel *die Kranken* : *les malades,* ce qui est logique puisqu'il y a toujours plusieurs malades dans un hôpital.
TRAD Espérons que les médecins vaincront un jour ces maladies incurables.

150 **la contamination radioactive**
FAUX die radioaktive Ansteckung
CORR **die radioaktive Verseuchung**
NOTE *die Ansteckung : l'infection, la contamination par une maladie,* dérivé de *sich mit etwas anstecken* : *attraper* (une maladie infectieuse). Pour une contamination par autre chose qu'une maladie,

on emploie le substantif *die Verseuchung* qui signifie également *la contamination,* mais qui exprime moins le fait de se contaminer que l'état où l'on est déjà contaminé, d'où *die Seuche* : *l'épidémie.*

TRAD Le risque d'un accident nucléaire consiste en la contamination radioactive.

151 **l'expérience** (scientifique)

FAUX die Erfahrung

CORR **das Experiment, s, e**

NOTE *die Erfahrung : l'expérience* (de la vie, par exemple). Donc : *Il a beaucoup d'expérience* : *er hat viel Erfahrung.* Mais, pour une expérience scientifique, dire *das Experiment* (pluriel : *die Experimente*).

TRAD 1 – Notre professeur de chimie a encore raté une expérience.
2 – Il faut que tu mettes mieux en valeur tes longues années d'expérience professionnelle.

152 **une agence publicitaire**

FAUX eine Werbungsagentur

CORR **eine Werbeagentur**

NOTE Dans les mots composés, le suffixe *-ung* de *Werbung* : *la publicité* disparaît. On a un *e* à la place. Le premier constituant des mots composés est souvent dérivé du radical verbal : *das Fernsehen* mais *der Fernsehapparat* ; *die Drohung* : *la menace* mais *der Drohbrief* : *la lettre de menaces,* etc.

TRAD Ils se sont adressés avec leur produit à une agence publicitaire.

153 **les téléspectateurs**

FAUX die Fernsehenzuschauer

CORR **die Fernsehzuschauer**

NOTE *La télévision : das Fernsehen,* mais la désinence *-en* disparaît dans les mots composés. Comparer l'exemple précédent.

TRAD Est-ce que tu as vu le film télévisé polonais hier soir ?

154 **Il a beaucoup d'imagination.**

FAUX Er hat viel Vorstellung/Einbildung.

CORR **Er hat viel Fantasie.**

NOTE Retenir :

— l'imagination (la représentation) : die Vorstellung von etwas
— imaginer, se représenter quelque chose : sich [datif !] etwas vorstellen, *à la différence de :*

— (se) présenter : (sich) [accusatif !] vorstellen
— l'imagination (erronée, chose imaginée à tort) : die Einbildung
— s'imaginer quelque chose (à tort) : sich (datif) etwas einbilden
— l'imagination (la créativité) : die Fantasie

TRAD 1 – Les enfants disposent souvent de plus d'imagination que les adultes.
2 – Comment imagines-tu tes vacances idéales ?
3 – C'est un hypocondriaque. Il s'imagine avoir toutes les maladies du monde !

155 **l'écrivain**

FAUX der Autor/Verfasser

CORR **der Schriftsteller**

NOTE Faire la différence entre :
— l'auteur : der Autor, der Verfasser
— l'écrivain : der Schriftsteller
— le narrateur : der Erzähler

TRAD Comment s'appelle l'auteur de cet ouvrage ?

156 **le professeur de lycée**

FAUX der Gymnasiumsprofessor

CORR **der Gymnasiallehrer**

NOTE a – *der Professor* signifie uniquement *le professeur d'université.*
b – Pour la formation d'un mot composé, on se sert du constituant *Gymnasial* (adjectif).

TRAD Au lycée où je vais, il y a une trentaine de professeurs.

157 **le bonheur**

FAUX die Glücklichkeit

CORR **das Glück**

NOTE Retenir aussi *Glück bringen* : *porter bonheur.* Pour plus de détails sur la signification de *Glück,* voir l'exemple suivant (n° 158).

TRAD J'espère que ta décision te portera bonheur.

158 **Il n'a aucune chance.**

FAUX Er hat kein Glück.

CORR **Er hat keine Chance.**

NOTE *la chance* (non dénombrable) : *das Glück* (qui signifie aussi *le bonheur*), d'où *avoir de la chance* : *Glück haben* et *ne pas avoir de chance* : *kein Glück haben* ou : *Pech haben.* Mais *la chance* (dénombrable) au sens de *l'occasion, la perspective* : *die Chance,* souvent avec l'article indéfini *eine Chance* et au pluriel *(die) Chancen.*

TRAD Malgré les chances qu'il semblait avoir au début, il a fini pourtant par ne pas avoir de chance.

159 le pour et le contre

FAUX das Für und das Gegen

CORR **das Für und das Wider**

NOTE *contre : gegen,* sauf dans certaines expressions où l'on rencontre encore *wider,* préposition suivie également de l'accusatif.

EXEMPLE : *wider die Natur : contre la nature* ; *wider die Vernunft : contre la raison* ; *das Für und das Wider : le pour et le contre.*

TRAD Après avoir pesé le pour et le contre, je dirais que je suis contre l'avortement.

160 Peux-tu me rendre un service ?

FAUX Kannst du mir einen Dienst leisten?

CORR **Kannst du mir einen Gefallen tun?** (expression très courante)
Kannst du mir einen Dienst erweisen? (erweist, erwies, erwiesen)

NOTE Retenir aussi :

- — la prestation de service : die Dienstleistung
- — le service militaire : der Wehrdienst
- — le service (partie d'une organisation) : die (Finanz-, etc.) Abteilung
- — le service (au restaurant) : die Bedienung
- — entrer en fonction : den Dienst antreten (tritt an, trat an, hat angetreten)
- — être de service : Dienst haben
- — être en service / hors service (machines) : in Betrieb / außer Betrieb sein

TRAD 1 – Je te remercie de m'avoir rendu ce service.
2 – Benoît a fait son service militaire en Allemagne.
3 – Cette nouvelle instruction concerne tous les services de notre entreprise.
4 – Notre secrétaire est de service jusqu'à dix-huit heures.
5 – Ce distributeur n'est plus en service depuis hier.

161 avoir un grand choix

FAUX eine große Wahl haben

CORR **eine große Auswahl haben**

NOTE *die Wahl* signifie soit *l'élection* soit *le choix* (que l'on fait), d'où *faire un choix* : *eine Wahl treffen,* alors que *die Auswahl* signifie soit *la sélection* soit *le choix, l'offre* (que l'on a dans un magasin par exemple).

TRAD 1 – Mme Pelzer va souvent dans ce magasin parce qu'il y a un très grand choix.
2 – Vous n'avez pas le choix !
3 – J'ai fait mon choix : Je vais continuer mes études.

162 **au contraire de cela...**

FAUX Im Gegenteil dazu...

CORR **Im Gegensatz dazu...**

NOTE *le contraire (de quelque chose) : das Gegenteil (von etwas),* même dans *au contraire... : Im Gegenteil...* (qui occupe la place zéro, c'est-à-dire que le verbe se met en deuxième position après le sujet). La seule exception est justement le groupe prépositionnel *au contraire de (quelque chose) : Im Gegensatz zu (etwas).*

TRAD 1 – En été, nous ne consommons que peu d'électricité. Au contraire de cela, nous en consommons d'autant plus en hiver.
2 – Tu fais le contraire de ce que tu dis !
3 – Au contraire, je fais toujours ce que je dis.

6. Le genre

163 **l'Europe**

FAUX Die Europa

CORR **Europa** (neutre)

NOTE Les noms de pays, États et continents sont du genre neutre et s'emploient alors sans article, sauf quand ils sont qualifiés par un adjectif épithète ou accompagnés d'un complément déterminatif : *das wiedervereinigte Deutschland.* D'autres noms de pays qui s'emploient toujours avec l'article défini :

a – die Schweiz, die Ukraine ;

b – Les noms de pays se terminant en *-ei* : die Türkei, die Tschechoslowakei, die Mongolei ;

c – der Iran, der Irak, der Kuweit, der Libanon, der Sudan, der Kongo ;

d – les pluriels : die Niederlande, die Vereinigten Staaten, die Benelux-Staaten ;

e – les sigles : die DDR, die BRD, die EU, etc. ;

f – les noms d'États qui contiennent les termes *Republik, Union, Gemeinschaft.*

EXEMPLES : *die Bundesrepublik (Deutschland), die Deutsche Demokratische Republik, die Europäische Union, die Europäische Gemeinschaft, die Volksrepublik China, die Sowjetunion,* etc.

TRAD 1 – L'Europe ne se compose pas seulement de l'Union européenne.

2 – Il habite en Suisse, au Portugal, en Iran, dans l'ancienne Union soviétique, en Russie, aux États-Unis, en Belgique, au Canada, aux Pays-Bas, en Ukraine, en Italie, en Allemagne, en République fédérale d'Allemagne.

164 **le monde**
FAUX der Welt
CORR **die Welt,** pluriel : **Welten**
NOTE Retenir, à part le genre féminin de *die Welt* et de ses dérivés (par ex. : *die Umwelt : l'environnement*), la tournure : *auf die Welt kommen : venir au monde.*
TRAD (Qu'est-ce) que le monde est quand même petit !

165 **la différence**
FAUX die Unterschied
CORR **der Unterschied,** pluriel : **Unterschiede**
NOTE Retenir aussi : *im Unterschied zu : à la différence de.*
TRAD Quelle est la différence de prix entre ces deux offres ?

166 **l'image, les images**
FAUX die Bild, die Bilden
CORR **das Bild, die Bilder**
NOTE *das Bild* peut également prendre les sens *le tableau (peint)* ; *la photo.* Retenir aussi : *sich ein Bild von etwas machen : se faire une idée de quelque chose,* où la préposition *von* est obligatoire dans la mesure où on ne peut pas la remplacer par un génitif. Comparer *sich eine Vorstellung von etwas machen : se faire une idée de quelque chose.*
TRAD Il lui demanda de suspendre le tableau au mur.

167 **la fin**
FAUX die Ende
CORR **das Ende**
TRAD À la fin de l'histoire, le héros sauve la jeune fille.

168 **l'image de marque**
FAUX die Image *(prononciation française)*
CORR **das Image** (prononciation anglaise)
NOTE Le genre neutre est analogique de *das Bild.* L'usage n'admet que la prononciation anglaise. On évitera le génitif et le pluriel.
TRAD Ces dernières années, l'image de la firme s'est détériorée.

169 **avoir une belle vie**
FAUX eine schöne Lebe haben
CORR **ein schönes Leben führen**

NOTE Les noms dérivés d'un infinitif sont du genre neutre, d'où *das Leben.* Éviter *ein Leben haben* quand on peut dire avantageusement *ein Leben führen* : *mener une vie.*

TRAD De plus en plus de gens peuvent se permettre d'avoir une vie de luxe.

170 **la mort**

FAUX die Töt

CORR **der Tod**

NOTE *tot* est l'adjectif correspondant à *der Tod,* d'où l'adjectif substantivé *der Tote* : *le mort.* Seuls le verbe *töten* : *tuer* et l'adjectif *tödlich* : *mortel* prennent un *umlaut.* Retenir aussi *der Mord* : *le meurtre* et son dérivé *der Mörder* : *le meurtrier.*

TRAD Ce poème fut publié après la mort de l'auteur.

171 **l'appareil**

FAUX das Apparat

CORR **der Apparat,** pluriel : **Apparate**

NOTE Une erreur fréquente consiste à croire que *der Apparat* est du genre neutre parce qu'il s'agit d'un objet.

TRAD Combien a coûté le nouveau rasoir ?

172 **le danger**

FAUX das Gefähr

CORR **die Gefahr,** pluriel : **Gefahren**

NOTE Les noms qui ont le préfixe *Ge-* sont du genre neutre.

EXEMPLES : *das Gebäude – le bâtiment* ; *das Geräusch – le bruit* ; *das Getränk – la boisson* ; *das Geschenk – le cadeau* ; *das Gefühl – le sentiment* ; *das Gebiet – le domaine* ; *das Gesetz – la loi* ; *das Gebirge – la montagne,* etc.

Mis à part *die Gewalt* : *la violence* ; *die Geduld* : *la patience* et *die Gefahr* (sans *umlaut,* à la différence de l'adjectif *gefährlich* : *dangereux*) ainsi que ceux qui ont un suffixe féminin entraînant le genre féminin, comme par ex. *-ei, -ion, -heit, -keit, -schaft, -ung.*

EXEMPLE : *die Gesellschaft – la société.*

Il existe aussi quelques exceptions qui sont du genre masculin.

EXEMPLES : *der Gedanke : la pensée* ; *der Gefallen : le service* (que l'on rend à une personne) ; *der Gebrauch : l'usage* ; *der Gehorsam : l'obéissance* ; *der Genuss : la jouissance.*

TRAD Ce pays ne représente en ce moment aucun danger pour les touristes.

173 **le membre (d'une équipe)**
FAUX der (Mannschafts-)Mitglied
CORR **das (Mannschafts-)Mitglied, s, er**
NOTE C'est une exception dans la mesure où les êtres humains sont normalement du genre masculin ou féminin.
TRAD Le millième membre gagne un voyage.

174 **La planète tourne autour du soleil.**
FAUX Die Planet dreht um den Sohne.
CORR **Der Planet dreht sich um die Sonne.**
NOTE À part le genre masculin de *der Planet* (masculin faible) ainsi que le genre féminin et l'orthographe de *die Sonne,* retenir *der Mond* : *la lune.* Les genres opposés du soleil et de la lune ont donné lieu, en français et en allemand, à d'innombrables poèmes où ces deux astres forment un couple, peu importe que leurs genres changent d'une langue à l'autre. Retenir aussi :
— tourner quelque chose (faire tourner autour de quelque chose) : etwas drehen
— tourner quelque chose (mettre à l'envers) : etwas um/drehen
— tourner (être en rotation) : sich drehen
— se tourner : sich um/drehen

Lorsque l'on peut remplacer *tourner* par *retourner,* on a la particule *um-*.
TRAD 1 – Tout tourne autour de l'argent.
2 – Le soleil et la lune ne sont pas des planètes.

175 **l'impression**
FAUX die Eindrück
CORR **der Eindruck**
NOTE Faire attention au genre et au *umlaut.* Noter aussi :
— drücken : presser, appuyer
— drucken : imprimer
— der Druck : la pression ; l'impression (procédé de reproduction)
— der Eindruck, pluriel : die Eindrücke : l'impression (qu'on a de quelque chose)
TRAD J'ai l'impression d'avoir déjà vécu tout cela.

176 **le deutsch(e)mark**
FAUX der Deutschmark
CORR **die Deutsche Mark, die D-Mark**

NOTE Retenir le genre féminin et l'orthographe.
TRAD Le pouvoir d'achat du deutsch(e)mark avait baissé.

177 **la loi**
FAUX die Gesetzt
CORR **das Gesetz,** pluriel : **Gesetze**
NOTE Les noms qui commencent par *Ge-* sont du genre neutre, sauf quelques substantifs mentionnés au n° 172. Noter aussi que le substantif *Gesetz* ne se termine pas par un *t.*
TRAD Le parlement a supprimé cette loi superflue.

178 **la grève, les grèves**
FAUX die Streik, die Streike
CORR **der Streik, die Streiks**
NOTE Retenir aussi *faire la grève* : *streiken* (verbe faible).
TRAD Toute la circulation fut bloquée par la grève / les grèves.

179 **le(s) million(s), le(s) milliard(s)**
FAUX der Million, der Milliard/Billion
CORR **die Million(en), die Milliarde(n)**
NOTE Retenir le genre féminin des noms susmentionnés. Attention : *die Milliarde* se termine par un *-e* et *die Billion* signifie *mille milliards,* à ne pas confondre avec l'anglais *a billion* : *un milliard.*
TRAD 1 – Munich a plus de un million d'habitants.
2 – L'État allemand est endetté de plus de mille milliards d'euros.

180 **le SPD** (le parti social-démocrate allemand)
FAUX der SPD
CORR **die SPD**
NOTE En effet, *le parti* : *die Partei* (pluriel : *Parteien*). Noter donc que le genre des noms des partis politiques change souvent par rapport au français :
— le SPD : die SPD (Die Sozialdemokratische Partei Deutschlands)
— le FDP : die FDP (Die Freie Demokratische Partei)
— le PDS : die PDS (Die Partei Deutschen Sozialismus)
— le SED : die SED (Die Sozialistische Einheitspartei Deutschlands)
— la CDU : die CDU (Die Christlich-Demokratische Union)
— la CSU : die CSU (Die Christlich-Soziale Union)
— etc.
TRAD Le PDS est le successeur du SED.

181 **l'embouteillage, les embouteillages**
FAUX das Stau, die Stauen
CORR **der Stau, die Staus**
TRAD Sur les autoroutes vers Berlin, il y a constamment des embouteillages.

182 **la violence**
FAUX das Gewalt
CORR **die Gewalt**
NOTE Les noms qui commencent par *Ge-* sont du genre neutre. Noter les exceptions qui figurent au n° 172. Le pluriel *die (Öffentlichen) Gewalten* signifie *les pouvoirs (publics).* Retenir aussi : *avoir recours à la violence : Gewalt anwenden* ainsi que *une personne violente* : *ein gewalttätiger Mensch* (et non pas *ein gewaltiger Mensch*).
TRAD Les hommes politiques discutent de la question de savoir comment on peut combattre la violence contre les étrangers.

183 **l'interview de quelqu'un par le journal X**
FAUX die Interview von jemandem durch die Zeitung X
CORR **das Interview der Zeitung X mit jemandem**
NOTE Retenir, à part le genre neutre de *das Interview* (analogique de *das Gespräch* : *l'entretien*) et le genre féminin de *die Zeitung,* la construction usuelle qui diffère de celle que l'on rencontre en français.
TRAD As-tu lu l'interview du chancelier par le *Spiegel / Die Welt ?*

184 **la photo**
FAUX die Photo
CORR **das Foto,** pluriel : **Fotos**
NOTE C'est bien *die Fotografie* (genre féminin), mais *das Foto* (genre neutre). Le genre de ce dernier est analogique de celui de *das Bild* : *l'image.* Retenir aussi *prendre une photo* : *ein Foto machen.* L'orthographe *Photo* est vieillie.
TRAD Sur la photo que j'ai prise, il y a toute ma famille.

185 **le travail**
FAUX der Arbeit
CORR **die Arbeit,** pluriel : **Arbeiten**
NOTE Retenir le genre féminin de ce substantif très courant.
TRAD Vous ne devez pas fumer au travail.

186 **le XXe siècle**
AUX der XXe Jahrhundert
ORR **das 20. Jahrhundert**
OTE On n'utilise pas ici de chiffres romains, mais des chiffres arabes avec un point pour marquer le nombre ordinal. Quant au genre neutre de *das Jahrhundert,* noter que les petites unités de temps sont du genre féminin *(die Sekunde, die Minute, die Stunde),* les unités/espaces de temps moyennes sont du genre masculin (*der Morgen, der Mittag, der Nachmittag, der Abend, der Tag, der Montag, der Dienstag,* etc., *der Monat, der Januar, des Februar,* etc., *der Frühling, der Sommer, der Herbst, der Winter,* seules exceptions : *die Woche* et *die Nacht*) et qu'au-delà on a le genre neutre *(das Jahr, das Jahrzehnt, das Jahrhundert, das Jahrtausend).*
RAD Connaissez-vous quelques écrivains allemands du XIXe siècle ?

187 **jouer un rôle important**
AUX einen wichtigen Role spielen
ORR **eine große Rolle spielen**
OTE À part le genre féminin et l'orthographe de *Rolle,* noter que l'adjectif *groß* est plus courant que *wichtig* dans cette tournure.
RAD Dans sa vie, l'ordre joue un rôle important.

188 **l'erreur**
AUX das Irrtum
ORR **der Irrtum**
OTE Les noms en *-tum* sont du genre neutre, sauf *der Irrtum* et *der Reichtum.* Au pluriel, on a *-tümer.*
RAD Vous commettez une grosse erreur en ne leur faisant pas confiance.

189 **l'essor économique**
AUX die wirtschaftliche Aufschwung
ORR **der wirtschaftliche Aufschwung**
OTE Les noms qui se terminent par le suffixe *-ung* sont du genre féminin, sauf *der Aufschwung* et d'autres noms où la terminaison *-ung* n'est pas un suffixe, mais fait partie du radical dérivé du participe passé du verbe correspondant *(schwingen, schwang, geschwungen : vibrer).* Cf. *le saut* : *der Sprung* dérivé de *springen* : *sauter.*
RAD Les experts attendent pour l'année prochaine un essor économique sensible.

190 **la raison, les raisons**
FAUX die Gründ, die Gründen
CORR **der Grund, die Gründe**
NOTE À part le genre masculin, noter l'absence du *umlaut* au singulier et du *-n* au pluriel (sauf, bien sûr, au datif pluriel : *aus diesen Gründen : pour ces raisons*).
TRAD Quelles sont les raisons de votre décision ?

191 **la victime, les victimes**
FAUX die Opfer, die Opfern
CORR **das Opfer, die Opfer**
NOTE En plus du genre neutre, qui peut paraître curieux puisqu'il s'agit d'un être vivant, noter le pluriel inchangé et la deuxième acception : *le sacrifice.*
TRAD Elle fut victime d'un crime.

192 **le nombre**
FAUX der Nummer
CORR **die Zahl, die Zahlen**
NOTE a – *die Nummer : le numéro* et non pas *le nombre.*
b – Noter le genre féminin de *die Zahl* ainsi que des chiffres en général : *le zéro, le un, le deux,* etc. : *die Null, die Eins, die Zwei,* usw.
TRAD Est-ce que le nombre des sans-abri continue d'augmenter ?

193 **le Mur de Berlin**
FAUX der Berliner Mauer
CORR **die Berliner Mauer**
NOTE À part le genre féminin de *die Mauer,* noter que les adjectifs en *-er* dérivés des noms de villes sont invariables.
TRAD La construction du Mur de Berlin s'effectua le 13 août 1961.

194 **le texte**
FAUX das Text
CORR **der Text**
NOTE Retenir le genre masculin de ce nom très courant.
TRAD En cours d'allemand, nous avons étudié un nouveau texte.

195 **la lettre**
FAUX die Brief
CORR **der Brief,** pluriel : **die Briefe**

RAD Certaines personnes, paraît-il, n'ont jamais de leur vie écrit une lettre.

96 le moyen, les moyens

AUX der Mittel, die Mitteln

ORR **das Mittel, die Mittel**

OTE À part le genre neutre, noter que les noms masculins et neutres en *-el* et *-er* restent inchangés au pluriel, sauf au datif pluriel : *mit allen Mitteln – par tous les moyens.* Retenir aussi :

— le milieu : die Mitte

— au milieu : in der Mitte

— le loyer : die Miete, pluriel : Mieten

RAD Quel est le meilleur moyen de combattre le racisme ?

97 la deuxième guerre (mondiale)

AUX die zweite Krieg

ORR **der Zweite Weltkrieg**

OTE En plus du genre masculin, noter les majuscules et l'usage qui exige la précision *Weltkrieg.*

RAD Combien de temps a duré la première guerre mondiale ?

98 la Porsche / la Peugeot / la Mercedes, etc.

AUX die Porsche / die Peugeot / die Mercedes

ORR **der Porsche / der Peugeot / der Mercedes** usw.

OTE Les (marques de) voitures sont du genre masculin (sauf *das Auto* et *die Ente,* mot familier pour *la 2CV*).

AD Notre voisin s'est acheté une nouvelle BMW.

7. La déclinaison

199 **les soucis des petites gens**

AUX die Sorgen den/des kleinen Leute

ORR **die Sorgen der kleinen Leute**

OTE Les débutants doivent se méfier de la ressemblance accidentelle entre le français *des* et l'article allemand *des* : le français *des* ne donne ni l'allemand *des* (art. au génitif singulier masculin/neutre), ni *den* (art. au datif pluriel tous genres), mais *der* (génitif pluriel tous genres). Ce devrait être d'autant plus facile à retenir qu'au pluriel, on a une seule désinence par cas pour tous les genres. Moyen mnémotechnique : l'article du DERnier cas (c'est-à-dire du génitif) est DER.

RAD La fin de ses lettres est toujours très captivante.

200 **Notre patron n'est pas là.**

AUX Unserer Chef ist nicht hier.

ORR **Unser Chef ist nicht da.**

OTE a – *da* s'emploie comme le français *là* pour dire « présent, disponible ».

b – Une faute fréquente consiste à ajouter inutilement aux adjectifs possessifs *mein, dein, sein, ihr, unser, euer* des désinences pour marquer le nominatif ou le genre (masculin ou neutre). En ajoutant *-er* ou *-es,* on obtient des génitifs.

RAD Comme notre/votre/leur professeur n'est pas là, son cours n'a pas lieu.

201 **C'est un homme riche.**

AUX Das ist einen reichen Mann.

ORR **Das ist ein reicher Mann.**

NOTE Une faute fréquente (et considérée comme très grossière) consiste à ignorer que les verbes *sein, werden, bleiben, heißen* n'entraînent pas de complément d'objet direct à l'accusatif, mais le nominatif.

TRAD Il restera encore longtemps un grand homme d'État.

202 **mon cher ami, mes chers amis**

FAUX meiner liebe Freund, meine liebe Freunde

CORR **mein lieber Freund, meine lieben Freunde**

NOTE a – Pour la déclinaison de *mein,* voir l'exemple n° 200.

b – En ce qui concerne les adjectifs qui suivent les adjectifs possessifs *(mein, dein, sein, ihr, unser, euer),* noter qu'ils portent la même désinence qu'après l'article indéfini *ein* au singulier (*ein neues Auto,* donc *mein/dein/unser,* etc., *neues Auto*), mais -*en* au pluriel comme après l'article *die* (*die neuen Autos,* donc *meine/deine/unsere,* etc., *neuen Autos*).

TRAD Votre premier jour ; leurs bons amis ; ses yeux bleus ; dans ta vieille maison.

203 **Il est considéré comme le meilleur.**

FAUX Er wird als den Besten betrachtet.

CORR **Er wird als der Beste betrachtet.**

NOTE *betrachten als* est suivi de l'accusatif, mais *betrachtet werden als* (et toutes les constructions semblables au passif contenant *als* pour marquer la qualité) sont suivis du nominatif (*beschimpft werden als – se faire traiter de* ; *behandelt werden als – se faire traiter comme* ; *angesehen werden als – être vu, considéré comme,* etc.). En effet, on a désormais affaire au passif où le complément d'objet direct de la phrase active se transforme habituellement en sujet ou en nominatif.

TRAD Kasparov fut considéré longtemps comme le meilleur joueur d'échecs du monde.

204 **beaucoup d'amour**

FAUX viele Liebe

CORR **viel Liebe**

NOTE *viel* est presque toujours invariable au singulier, surtout au nominatif et à l'accusatif, mais se décline normalement au pluriel.

TRAD Beaucoup de gens ne savent pas attendre. Ils n'ont pas beaucoup de patience.

205 **beaucoup de questions difficiles**

FAUX viele schweren Fragen

CORR **viele schwere Fragen**

NOTE Les adjectifs désignant une quantité au pluriel, tels que :

- *viele (beaucoup de)* ;
- *mehrere (plusieurs)* ;
- *einige (quelques) ;*
- *wenige (peu de) ;*
- *zahlreiche (de nombreux) ;*
- *manche (maints ; certains)* ;
- *bestimmte (certains) ;*
- *gewisse (certains),* etc.,

et les adjectifs qui les suivent directement portent la même désinence. Exception : les adjectifs qui suivent les adjectifs désignant une quantité extrême, donc *alle* et *keine,* ont la désinence *-en.*

TRAD Je connais quelques Allemands de l'Ouest, mais pas d'Allemands de l'Est.

206 **tous**

FAUX alles

CORR **alle**

NOTE *tous* et *alles* se terminent accidentellement par la même lettre, mais n'ont pas le même sens. Le premier est un pluriel *(tous : alle)* et le dernier un neutre singulier qui veut dire *tout* : *alles.*

TRAD 1 – Est-ce que tous vos amis sont venus au mariage ?
2 – Et ce n'est pas tout !

207 **quelqu'un d'intéressant**

FAUX jemand interessant

CORR **jemand Interessantes**

NOTE Pour traduire *quelque chose/rien/quelqu'un/personne de* + adjectif, on a *etwas/nichts/jemand/niemand* + adjectif, mais cet adjectif se termine, au nominatif et à l'accusatif, par *-es,* et au datif par *-em* (et ce indépendamment du genre ou du sexe réel : *jemand Neues*). De plus, cet adjectif s'écrit avec une majuscule.

TRAD Ne pouvons-nous pas commencer par quelque chose de plus facile ?

208 **Il a connu pire.**

FAUX Er hat schlimmer gekannt.

CORR **Er hat (etwas) Schlimmeres erlebt.**

NOTE a – Dans cet exemple, *pire* ne fonctionne pas comme un adverbe mais comme un substantif au sens *quelque chose de pire* qui se traduit par le neutre singulier *Schlimmeres* (sens collectif avec une majuscule). Cf. l'exemple précédent *quelqu'un d'intéressant* : *jemand Interessantes.*

b – *connaître quelque chose : etwas kennen* au sens de *vivre quelque chose* donne *etwas erleben.*

TRAD Le pauvre garçon mérite vraiment mieux.

209 **les deux**

FAUX beide

CORR **beides**

NOTE Pour assembler deux choses, personnes, activités ou qualités qui sont définies distinctement par un article défini ou démonstratif ou le nom d'une personne, on se sert de *beide* (ou de *die beiden* au sens strictement démonstratif de *ces deux-là*). Dans tous les autres cas, on a le neutre singulier *beides* (sens collectif).

TRAD 1 – Avez-vous une fille ou un fils ? – Les deux.

2 – Prenez-vous la lampe bleue ou la lampe rouge ? – Les deux.

3 – Préférez-vous jouer au football ou au rugby ? – J'aime les deux.

4 – Pensez-vous à Leo ou à Lea ? – Aux deux.

5 – Pensez-vous à Bonn ou à Paris ? – Aux deux.

210 **Quels sont les plus beaux pays ?**

FAUX Welche sind die schönsten Länder?

CORR **Welches sind die schönsten Länder?**

NOTE *welch-* se décline normalement, sauf pour traduire *quel(s)/quelle(s) est/sont* : *welches ist/sind* où *welches* est un neutre collectif analogique de *was* qui peut toujours remplacer *welches* dans ce syntagme.

TRAD Quel est le meilleur roman que vous connaissiez ?

211 **Cela vaut un euro.**

FAUX Das ist ein Euro wert.

CORR **Das ist einen Euro wert.**

NOTE *wert sein* entraîne l'accusatif malgré la présence du verbe *sein* qui n'admet normalement que le nominatif. Il en est de même pour *weit / entfernt / alt / hoch / tief / breit / lang / her sein...*

TRAD Ce bel appartement vaut bien un déménagement.

212 **les années quatre-vingt-dix**
AUX die neunzigern Jahre
ORR **die neunziger Jahre**
OTE Noter ce syntagme où l'adjectif numéral est invariable. Par contre, cet adjectif peut être substantivé et se décliner alors comme un substantif sans l'ajout *Jahre* : *les années soixante – die sechziger Jahre* ou bien *die Sechziger.* Et *dans les années soixante – In den sechziger Jahren* ou bien *In den Sechzigern* (datif pluriel).
AD Dans les années trente, il y a eu une crise économique mondiale.

213 **l'Ouest**
AUX der West
ORR **der Westen**
OTE La désinence *-en* ne tombe que dans les mots composés : cf. *der Westdeutsche.*
AD Beaucoup d'Européens du Nord passent leurs vacances dans le Sud.

14 **de cette façon**
UX auf dieser Art
ORR **auf diese Art (und Weise)**
OTE Noter l'emploi de l'accusatif dans cette tournure. Les noms *die Art* et *die Weise* signifient tous deux *la façon.* La tournure *die Art und Weise,* où figurent les deux noms, n'est pas ressentie comme un pléonasme, mais, au contraire, comme étant très idiomatique.
AD De quelle façon peut-on résoudre l'énigme ?

15 **Guillaume II**
UX Wilhelm Zwei
RR **Wilhelm II. / Wilhelm der Zweite**
TE Les nombres qui suivent les noms de souverains sont des nombres ordinaux qui se mettent au même cas que ces noms. Le chiffre romain figurant après le nom, comme tout chiffre ou nombre ordinal en allemand, est suivi d'un point.
AD Guillaume I et Guillaume II furent des empereurs allemands.

16 **les avantages et les inconvénients**
UX die Vorteilen und die Nachteilen
RR **die Vor- und Nachteile**

NOTE *Vorteile* et *Nachteile* sont des pluriels qui se terminent par un *-e* à tous les cas sauf au datif pluriel où on a *-en*. Dans *die Vor- und Nachteile,* le tiret remplace le lexème *teile,* procédé très courant en allemand pour ne pas répéter le même constituant dans deux ou plusieurs mots composés qui se suivent.

D'autres exemples :

— le premier plan et l'arrière-plan : der Vorder- und der Hintergrund

— inspirer, expirer : ein- und ausatmen

— au-dessous ou au-dessus de : unter- oder oberhalb + génitif.

TRAD Cette nouvelle loi a-t-elle pour nous plus d'avantages ou plus d'inconvénients ?

8. Adjectifs/adverbes

217 **important**
AUX important
ORR **wichtig**
OTE L'adjectif *important* n'existe pas en allemand. Dire : *wichtig*.
RAD Il est extrêmement important que vous ne vous endormiez pas en conduisant.

218 **une somme importante**
AUX eine wichtige Summe
ORR **eine große Summe**
OTE L'adjectif français *important* a deux sens :
1 – *qui est de grand intérêt.* Dire alors *wichtig.*
2 – *qui est grand.* Dire alors *groß* ou, selon le contexte, un autre adjectif désignant une quantité, tel que *hoch* : *élevé.*

Dans des cas ambigus, on peut souvent employer *bedeutend* (significatif) qui est un peu plus malléable (mais aussi plus vague) que *wichtig.*

EXEMPLE : *Un écrivain important : ein bedeutender Schriftsteller.*
RAD M. Müller a retiré une somme importante de son compte bancaire.

219 **certaines personnes**
AUX mehrere Personen
ORR **gewisse/bestimmte Leute**
OTE a – *mehrere* (dérivé de *mehr*) : *plusieurs* (dérivé de *plus*).
b – le substantif *die Person* (pluriel : *die Personen*) appartient plutôt à l'allemand administratif. Dans la langue courante, on emploie *der Mensch* (masculin faible), pluriel : *(die) Men-*

schen. Au pluriel, on peut dire aussi *(die) Leute* : *les gens,* substantif qui peut être précédé d'un chiffre cardinal : *fünf Leute.*

TRAD Certaines personnes pensent qu'autrefois tout était mieux.

220 tous les Allemands

FAUX alle die Deutschen

CORR **alle Deutschen**

NOTE En général, on n'a pas l'article défini après *alle.*

TRAD Tu ne peux quand même pas lire tous les livres à la fois.

221 toute l'Europe

FAUX das ganze Europa

CORR **ganz Europa**

NOTE Syntagme à retenir. Cette construction est fréquente en présence d'un nom de ville, de pays, etc. Elle fonctionne aussi avec *halb* : *la moitié de,* par ex. *halb Europa* : *la moitié de l'Europe.*

TRAD Le semaine dernière, il a fait beau dans toute l'Allemagne.

222 tous les jours

FAUX alle Tage

CORR **jeden Tag** (accusatif)

NOTE Au sens adverbial de *quotidiennement,* on dit *jeden Tag* et non *alle Tage* qui ne fonctionne pas au sens adverbial, mais comme sujet pour traduire par ex. : *tous les jours (ont 24 heures,* etc.*) : Alle Tage (haben 24 Stunden).* La même règle s'applique pour traduire *tous les lundis, mardis,* etc., *tous les matins, tous les soirs, tous les mois,* etc., sauf quand il y a un chiffre qui figure dans le syntagme : *tous les trois jours* : *alle drei Tage,* ou bien *tous les deux mois* : *alle zwei Monate,* etc.

TRAD Il y va tous les jours / toutes les semaines / tous les lundis / tous les mois.

223 Ils sont restés un jour.

FAUX Sie sind ein Tag geblieben.

CORR **Sie sind einen Tag (lang) geblieben.**

NOTE Les compléments de temps sans préposition se mettent à l'accusatif lorsque la préposition *pendant* est facultative en français et que le sens n'est pas *tous les jours/mois/ans,* etc. (voir l'exemple n° 225 pour ce dernier cas). On peut ajouter *lang* pour accentuer la durée, mais la préposition *während* + *G* n'est pas possible devant un nombre/chiffre.

AD Mon ami a travaillé pendant un mois à Brême.

24 **au Noël prochain**

UX am nächsten Weichnachten

RR **nächstes/dieses Jahr Weihnachten**

TE Parfois, aucune préposition ne convient avec les noms de fête. On met alors le nom à l'accusatif sans préposition, en sachant que les noms de fête sont souvent des pluriels employés sans article : *schöne Weihnachten/Ostern/Pfingsten.* Mais comme ces pluriels ne sont plus vraiment ressentis, le verbe se met au singulier *(Weihnachten ist schon bald)* et on dira *nächstes/dieses Jahr Weihnachten* ou bien tout court *Weihnachten* : *à Noël* au lieu de *nächste/diese Weihnachten.*

AD Aux prochaines Pâques, les enfants voudraient eux-mêmes peindre les œufs.

25 **Il travaille la nuit.**

UX Er arbeitet die Nacht.

RR **Er arbeitet nachts.**

TE Au sens adverbial *pendant la nuit / toutes les nuits,* on emploie les formes en *-s* dérivées des substantifs correspondants et citées dans le corrigé des exemples suivants. Comme il s'agit d'adverbes, ils prennent une minuscule.

AD Elle reste toujours à la maison le matin / le midi / le soir / la nuit / le lundi, etc.

26 **ce matin / midi / soir**

UX diesen Morgen / Mittag / Abend

RR **heute Morgen / Mittag / Abend**

TE Au sens adverbial, le démonstratif français *ce* dans *ce matin / midi / après-midi / soir* se traduit par *heute.*

AD J'ai appelé chez toi cet après-midi.

27 **au bon moment**

UX im guten Moment

RR **im richtigen Moment**

TE *bon : gut,* sauf au sens *exact, correct, ce qu'il faut / fallait* : *richtig.* De même que pour *mauvais* : *schlecht,* sauf au sens de *faux* ; *incorrect* ; *ce qu'il ne fallait pas* : *falsch.*

TRAD 1 – Cette semaine, personne n'a trouvé les six bons numéros de loto.
2 – L'homme est bon. / L'homme est mauvais.
3 – Il ne donne jamais de mauvaises réponses.

228 **un bon gâteau**
FAUX ein guter Kuchen
CORR **ein leckerer Kuchen**
NOTE *bon : gut* sauf au sens *(une chose) qui a un bon goût* : *lecker.* Noter aussi *es gut haben* : *n'être pas à plaindre, avoir un sort heureux* ainsi que l'expression familière *Du bist gut!* qui ne signifie pas *Tu es bon,* mais *Tu parles !, Tu m'étonnes !*
TRAD Nous avons rarement mangé quelque chose d'aussi bon.

229 **être content**
FAUX froh sein (connotation : être bien soulagé)
CORR **sich freuen**
NOTE *froh* veut bien dire *content,* mais cet adjectif implique de nos jours un fort soulagement comme dans *Je suis content de ne pas avoir raté le train* : *Ich bin froh, dass ich den Zug nicht verpasst habe.* Quand on n'a pas cette connotation, on emploie *sich freuen.* Mais attention : il faut distinguer entre
— sich freuen über + A : être content de, se réjouir de (+ un fait présent ou passé) et
— sich freuen auf + A : être content, se réjouir (à l'idée) de quelque chose, d'un événement futur.
TRAD 1 – Elle est très contente des fleurs que son mari lui a offertes.
2 – Les enfants sont contents que Noël arrive bientôt.

230 **être connu de quelqu'un**
FAUX von jemandem gekannt sein
CORR **jemandem bekannt sein**
NOTE Quand *connu* n'est plus participe passé, mais adjectif, on a *bekannt + D* et la négation *unbekannt + D* : *inconnu.*
TRAD 1 – Cet écrivain n'est pas très connu des Allemands de l'Ouest.
2 – Je ne le connaissais que superficiellement.

231 **la politique européenne du chancelier**
FAUX die europäische Politik des Kanzlers
CORR **die Europapolitik des Kanzlers**

OTE Strictement parlé, la politique n'est pas en elle-même *européenne,* mais porte sur l'Europe, d'où le mot composé.

RAD Le ministre-président de la Bavière a sévèrement critiqué la politique européenne du chancelier fédéral.

32 le seul

AUX der einzelne

ORR **der einzige**

OTE On a une série de mots qui se ressemblent, mais qu'il faut bien distinguer :

— der einzige : le seul, l'unique
— einzeln : individuel(lement), séparé(ment), l'un après l'autre
— einige : quelques
— sich (D) einig sein : (plusieurs personnes) être d'accord (les unes avec les autres)

AD 1 – Udo est le seul à faire régulièrement du sport.
2 – Il a fait quelques remarques sur la Stasi.
3 – Les témoins furent interrogés séparément.
4 – Ils se disputent souvent. Ils ne sont jamais d'accord.

33 un homme seul

UX ein alleiner Mensch

RR **ein einsamer Mensch**

TE *allein* ne peut s'employer comme adjectif devant un nom. On le remplace alors par *einsam* qui connote toutefois davantage que *allein* la solitude, ou par *allein stehend : qui vit seul (et non en couple)*. Pour éviter cette connotation, on a recours à une proposition relative : *ein Mensch, der allein ist.*

AD Ulf est un homme seul qui veut rester seul.

34 une scène violente

UX eine gewaltige/gewalttätige Szene

RR **eine Gewaltszene**

TE Ni *gewaltig,* ni *gewalttätig* ne convient ici pour traduire *violent,* car *gewaltig* signifie *véhément, énorme* alors que *gewalttätig* signifie *violent, brutal,* mais seulement en parlant de personnes. On a donc recours ici au mot composé *Gewaltszene* : *la scène de violence.*

AD Ce n'est pas une bonne chose que les enfants regardent des scènes violentes à la télévision.

235 **catastrophique**
FAUX katastrophisch
CORR **katastrophal**
NOTE En général, le suffixe français *-ique* donne en allemand le suffixe *-isch,* sauf dans l'exemple cité.
TRAD Ce temps catastrophique va encore durer combien de temps ?

236 **ma musique préférée**
FAUX meine liebste Musik
CORR **meine Lieblingsmusik**
NOTE Lorsque le participe français *préféré* fonctionne comme un adjectif, tel que dans l'exemple cité, on construit un mot composé à l'aide du lexème *Lieblings-*.
TRAD Quel est votre sport préféré ?

237 **un comportement responsable**
FAUX ein verantwortliches Verhalten
CORR **ein verantwortungsvolles Verhalten**
NOTE *responsable (de) : verantwortlich (für)* sauf au sens de *raisonnable, conscient de sa responsabilité* : *verantwortungsvoll* et au sens de *chargé de, en tant que chef* : *zuständig (für).*
TRAD Un conducteur responsable met toujours la ceinture.

238 **Qui est coupable de cet accident ?**
FAUX Wer ist dieses Unfalls schuldig?
CORR **Wer ist an diesem Unfall schuld?**
NOTE *einer Sache (G) schuldig sein* appartient au langage juridique et est rare dans la langue courante où l'on dit plutôt : *an etwas (D) schuld sein.*
TRAD Je ne suis pas coupable du fait qu'il ait été jugé coupable par le tribunal.

239 **être conscient de quelque chose**
FAUX von etwas bewusst sein
CORR **sich (D) einer Sache (G) bewusst sein**
NOTE La préposition française *de* ne donne donc pas *von,* mais un génitif, en plus du pronom réfléchi *sich* au datif, par exemple : *J'en suis conscient – Ich bin mir dessen bewusst.* On a la même construction pour traduire : *être sûr de quelque chose – sich (D) einer*

Sache (G) sicher sein. Retenir aussi *sich (D) etwas (A) bewusst machen : prendre conscience de quelque chose.*

TRAD Les gens ne sont pas toujours conscients de leur comportement nuisible à l'environnement.

240 **sensible à quelque chose**

FAUX für etwas empfindlich (= *sensible* au sens de *susceptible*)

CORR **für etwas empfänglich**

NOTE En dehors de ce groupe prépositionnel avec *à* en français et *für* en allemand, le français *sensible* donne bien *sensibel.*

TRAD Il est tellement sensible qu'il est même sensible à la moindre critique.

241 **Leur père est très occupé.**

FAUX Ihr Vater ist sehr besetzt.

CORR **Ihr Vater ist sehr beschäftigt.**

NOTE *occupé : besetzt,* sauf au sens *occupé, qui a beaucoup d'activités* en parlant d'une personne, qui se traduit par *beschäftigt,* participe passé dérivé du verbe *jemanden beschäftigen* : *occuper quelqu'un* ou, selon le contexte, *employer quelqu'un* d'où *die Beschäftigten* : *les employés.* Retenir aussi les locutions *sich beschäftigen mit* et le synonyme *sich befassen mit* qui signifient *s'occuper de.* En revanche, au sens de *s'occuper de, prendre soin de, se charger de,* on dira plutôt *sich kümmern um + A.*

TRAD 1 – Sa ligne est toujours occupée quand on veut l'appeler. Il doit être très occupé.

2 – Depuis qu'il n'est plus employé par (traduire : chez) Wagner, il s'occupe davantage de ses enfants.

242 **utile, inutile**

FAUX nützlich, unnützlich

CORR **nützlich, unnütz**

NOTE Le mot inexistant *unnützlich* paraît comme une négation logique de *nützlich,* mais la négation correcte est *unnütz.*

TRAD Il est complètement inutile de se disputer sur ce sujet.

243 **la deuxième ville allemande** (en taille)

FAUX die zweite deutsche Stadt

CORR **die zweitgrößte deutsche Stadt**

NOTE *die zweite deutsche Stadt* prend le sens temporel *la deuxième ville qui fut créée.* Pour faire référence à la taille ou à d'autres qualités, faire un mot composé comme dans les exemples. L'élément ordinal est sans désinence.

TRAD Christa est la troisième élève de sa classe.

244 **un hôpital de Hambourg**

FAUX ein Krankenhaus von Hamburg

CORR **ein Hamburger Krankenhaus**

NOTE Éviter d'imiter la construction française à l'aide de la préposition *de* en présence du nom d'une ville où l'allemand impose presque toujours une construction adjectivale. Pour qualifier un substantif, on utilise l'adjectif en *-er* dérivé du nom de la ville. Ces adjectifs prennent une majuscule et sont invariables.

TRAD J'ai passé mon bac(calauréat) dans un lycée de Stuttgart.

245 **remarquable**

FAUX merkwürdig

CORR **bemerkenswert**

NOTE *merkwürdig* signifie *étrange.*

TRAD Les scientifiques ont fait des progrès remarquables.

246 **théorique ; en théorie**

FAUX theorisch ; in Theorie

CORR **theoretisch ; in der Theorie**

TRAD En théorie, cela a l'air intéressant. Mais, en pratique, ce ne sera pas faisable.

247 **amical**

FAUX freundlich (signifie *gentil*)

CORR **freundschaftlich**

NOTE L'adjectif *freundschaftlich* est dérivé de *Freundschaft* : *amitié.*

TRAD Je n'ai jamais douté de tes sentiments amicaux.

248 **être de plus en plus important**

FAUX mehr und mehr wichtig sein

CORR **immer wichtiger werden/sein**

NOTE Le comparatif d'un adjectif ou adverbe ne se fait jamais à l'aide de *mehr,* mais en ajoutant à l'adjectif ou à l'adverbe la désinence *-er.* Certains adjectifs possèdent un *umlaut* au comparatif et au superlatif (voir la liste ci-dessous). Noter aussi que l'allemand préfère, en présence d'un comparatif, le verbe *werden* à *sein* quand on ne souhaite pas exprimer un état, mais une évolution.

	COMPARATIF	SUPERLATIF
nah :	näher	am nächsten / der nächste
hoch :	höher	am höchsten / der höchste
arm :	ärmer	am ärmsten / der ärmste
jung :	jünger	am jüngsten / der jüngste
lang :	länger	am längsten / der längste
hart :	härter	am härtesten / der härteste
kalt :	kälter	am kältesten / der kälteste
warm :	wärmer	am wärmsten / der wärmste
schwarz :	schwärzer	am schwärzesten / der schwärzeste
alt :	älter	am ältesten / der älteste
dumm :	dümmer	am dümmsten / der dümmste
gesund :	gesünder	am gesündesten / der gesündeste
klug :	klüger	am klügsten / der klügste
krank :	kränker	am kränksten / der kränkste
kurz :	kürzer	am kürzesten / der kürzeste
scharf :	schärfer	am schärfsten / der schärfste
stark :	stärker	am stärksten / der stärkste

Pour traduire la construction *de plus en plus,* l'allemand préfère *immer* + comparatif (cf. l'équivalent français *toujours plus* à côté de *de plus en plus*).

TRAD 1 – Les relations commerciales entre ces deux pays sont de plus en plus compliquées.
2 – Il est plus jeune / plus fort / plus mince *(schlank)* / plus pauvre que moi.
3 – Lequel parmi vous sait lire le mieux ?
4 – Je prends le chemin le plus court.

249 Il est moins jeune que moi.

FAUX Er ist weniger jung als mich.

CORR **Er ist nicht so jung wie ich.**

NOTE a – Pour *moi* : *ich* voir l'item 473 *Qui est-ce* ? – *C'est moi.*
b – Le comparatif français *moins* + adjectif + *que* peut se traduire littéralement par *weniger* + adjectif + *als,* mais l'usage préfère de loin *nicht so* + adjectif + *wie* : *pas aussi* + adjectif + *que.*

TRAD On mange moins bien ici qu'au restaurant d'en face.

250 **tôt ou tard**
FAUX früh oder spät
CORR **früher oder später**
NOTE Expression à retenir.
TRAD Tu comprendras tôt ou tard qu'il a raison.

251 **le plus vite possible**
FAUX am schnellsten möglich
CORR **möglichst schnell**
NOTE La construction française superlatif + *possible* se traduit le plus souvent par *möglichst* + adjectif/adverbe.
TRAD S'il vous plaît, remplissez le questionnaire le plus soigneusement possible.

252 **le plus souvent**
FAUX öfters
CORR **meist, meistens**
NOTE *souvent* : *oft,* alors que *le plus souvent* se traduit par *meist* ou bien *meistens,* et non par le superlatif dérivé de *oft.* En effet, *öfters* signifie *assez souvent.*
TRAD Les visiteurs de ce musée sont le plus souvent des jeunes.

253 **plus/mieux que jamais**
FAUX mehr/besser als je
CORR **mehr/besser denn je**
NOTE Avec un comparatif, *que jamais* se traduit exceptionnellement par *denn je.*
TRAD Son état actuel est pire que jamais.

254 **Ai-je jamais menti ?**
FAUX Habe ich nie gelogen?
CORR **Habe ich je(mals) gelogen?**
NOTE *ne... jamais : nie,* mais *jamais* au sens positif (et sans la particule de négation *ne* en français) : *je* ou bien *jemals.*
TRAD Êtes-vous jamais allé en Chine ? – Non, jamais (encore).

255 **Je ne suis jamais allé en Russie.**
FAUX Ich bin nie nach Russland gegangen.
CORR **Ich bin noch nie nach Russland gefahren/gereist.**
Ich bin noch nie in Russland gewesen.
Ich war noch nie in Russland.

NOTE a – *ne... jamais : nie* sauf au sens de *ne... jamais encore : noch nie.*
b – *Ich bin gegangen : J'ai marché à pied.* Quand on se déplace en voiture, train ou vélo, dire : *fahren,* mais en avion : *fliegen.* Pour éviter d'indiquer le moyen de transport, on peut toujours dire *voyager* : *reisen* (verbe faible : *reist, reiste, ist gereist*).
c – Noter que l'allemand utilise souvent *gewesen sein* + locatif : *avoir été quelque part* à la place de *gefahren sein* + directif : *être allé quelque part.*

TRAD N'êtes-vous jamais allé en Allemagne ?

256 **... sans presque rien manger**

FAUX ... ohne fast nichts zu essen

CORR **... fast ohne etwas zu essen**

NOTE a – Les propositions ou syntagmes introduits par *ohne* n'admettent pas d'autre négation, donc :
— sans... rien : ohne... etwas
— sans... personne : ohne... jemand, jemanden, jemandem
— sans... jamais : ohne... jemals
b – *ohne fast* ne se dit pas. Dire : *fast ohne.*

TRAD 1 – Il est parti sans dire au revoir à personne.
2 – Tout le monde leur obéit sans jamais poser de questions.

257 **Dites-le encore !**

FAUX Sagen Sie es noch!

CORR **Sagen Sie es noch einmal!**

NOTE *encore : noch* sauf au sens de *encore une fois* : *noch einmal.*

TRAD Si les fleurs sont encore sèches, arrosez-les encore.

258 **Elle est toujours (célibataire,** etc.)

FAUX Sie ist immer (ledig).

CORR **Sie ist immer noch (ledig,** usw.).

NOTE — *(pas) toujours* [dans le sens de (pas) tout le temps] : *(nicht) immer*
— *toujours (pas)* [dans le sens de (pas) encore] : *immer noch (nicht)*

TRAD 1 – N'es-tu toujours pas satisfait malgré la bonne note ?
2 – Ils disent toujours la même chose.
3 – Je ne te comprends pas toujours.
4 – Bien qu'il soit tard, il est toujours au bureau.

259 **et puis** (= et de plus)
FAUX und dann
CORR **und außerdem**
NOTE *et puis* possède, en français, deux sens qui se traduisent différemment :
1 – et de plus : und außerdem
2 – et ensuite : und dann
TRAD 1 – Cette tapisserie coûte cher, et puis elle ne me plaît pas beaucoup.
2 – Prenez la première rue à gauche et puis la deuxième à droite.

260 **C'est difficile aussi !**
FAUX Das ist schwer auch!
CORR **Das ist auch schwer!**
NOTE *auch* est rarement mis à la place finale, sauf quand aucun autre constituant de la proposition ne peut figurer à la fin : *Ich komme auch.*
TRAD Je suis déjà allé en Chine aussi.

261 **Aussi dit-il que...**
FAUX Auch sagt er, dass... (Il dit également que...)
CORR **Deshalb/Also sagt er, dass**
NOTE En tête de phrase, *aussi* peut prendre le sens de *c'est pourquoi.* On le traduit alors par *deshalb,* et non pas par *auch* qui signifie uniquement *aussi, également.*
TRAD Cette voiture est belle, aussi coûte-t-elle cher.

262 **C'est bien trop.**
FAUX Das ist sehr zu viel.
CORR **Das ist viel zu viel.**
NOTE Quand *bien* peut être remplacé par *très* devant un adjectif ou adverbe, on a *sehr.* Retenir donc :
— bien vite : sehr schnell
— bien/beaucoup trop vite : viel zu schnell
— bien/beaucoup trop : viel zu viel
— bien/beaucoup plus : viel mehr (ou un autre comparatif)
— bien/beaucoup mieux : viel besser
— de très nombreuses choses : sehr viele Dinge / sehr viel

Pour qualifier des verbes, c'est le sens de *beaucoup* qui détermine le choix entre *sehr* et *viel.* On a *viel* quand *beaucoup* peut prendre le sens de *souvent/longtemps* (par ex. *voyager beaucoup – viel reisen*) ou bien lorsque *beaucoup* peut fonctionner comme un complément d'objet direct (par ex. *manger beaucoup – viel essen*). Quand *beaucoup* ne peut pas avoir ces connotations/fonctions et qu'il sert uniquement à intensifier l'action exprimée par le verbe, on emploie *sehr.*

EXEMPLE : *Il rit beaucoup* (intensément) : *Er lacht sehr,* mais *Il rit beaucoup* (souvent) : *Er lacht viel.* Quelques autres verbes où on a *sehr* : *lieben/mögen – aimer* ; *gefallen – plaire* ; *leiden – souffrir* ; *sich freuen – se réjouir* ; *sich verbessern – s'améliorer* ; *sich verschlechtern – empirer* ; *etwas genießen – jouir de quelque chose* ; *vernachlässigen – négliger* ; *bedauern – regretter* ; *zweifeln an – douter de,* etc.

TRAD 1 – Helmut a payé bien trop cher ce tableau.
2 – Cette robe me plaît beaucoup.
3 – Il lit beaucoup.
4 – Elle est bien plus jeune que toi.
5 – Je me sens bien seul.

263 **être différent**

FAUX unterschiedlich sein (signifie *être divers*)

CORR **anders sein**

NOTE *la différence : der Unterschied,* mais les adjectifs respectifs dérivés de ces noms ne signifient pas la même chose. En effet, *différent* : *ander(s)* alors que *unterschiedlich* : *divers.* L'adjectif *ander-* se décline normalement devant un nom *(ein anderes Beispiel),* mais prend la forme invariable *anders* dans les autres positions *(Il est différent – Er ist anders).* Retenir aussi : *différent de* : *anders als* et très différent – *ganz anders.* Pour dire *différent (l'un de l'autre)* ou quand *différent* précède le nom en français, on a l'adjectif *verschieden.*

EXEMPLE : *Ces deux textes sont différents (l'un de l'autre) – Diese beiden Texte sind verschieden.* Ou bien : *J'ai voyagé dans différents pays – Ich bin in verschiedene Länder gereist.*

TRAD 1 – En Asie, la vie est toute différente de celle en Europe.
2 – Tom et Tobias ont des opinions différentes.
3 – Il a parlé de différents auteurs.

264 **la même chose**

FAUX das selbe

CORR **dasselbe, das Gleiche**

NOTE Noter que *dasselbe* ainsi que *derselbe, dieselbe, dieselben,* etc., s'écrivent en un mot, alors que les synonymes *das Gleiche, der Gleiche, die Gleiche, die Gleichen,* etc., s'écrivent en deux mots. Il faut ajouter que *dasselbe* et *das Gleiche* et leurs dérivés sont synonymes dans la mesure où, dans la langue courante d'aujourd'hui, on ne fait plus vraiment la différence entre les deux. Ce n'est plus que dans la langue littéraire et pour éviter des malentendus que l'on distingue entre *dasselbe* (*la même chose* au sens strict, c'est-à-dire *la chose identique*) et *das Gleiche* (*la même chose* au sens large de *un autre exemplaire / une autre version de la même chose*).

TRAD Est-ce que nous allons inviter à la fête les mêmes gens que l'année dernière ?

265 **même pas**

FAUX sogar/selbst nicht

CORR **(noch) nicht einmal / nicht mal**

NOTE *voire, même : sogar* ou bien son synonyme *selbst,* mais la négation *même pas* donne *noch nicht einmal* ou bien son synonyme *nicht einmal* (soit tout court *nicht mal* dans la langue de tous les jours).

TRAD Ne nous avez-vous même pas rapporté quelque chose de votre voyage ?

266 **Ne bougez surtout pas.**

FAUX Bewegen Sie vor allem nicht.

CORR **Bewegen Sie sich bloß/ja/nur nicht!**

NOTE a – *bouger quelque chose : etwas bewegen,* mais *bouger* (sans complément d'objet direct) : <u>sich bewegen</u>.

b – *surtout : vor allem* sauf avec l'impératif où l'on a *bloß* ou l'un de ses synonymes cités dans l'exemple.

TRAD Le malade peut à peine bouger. Ne le heurtez surtout pas.

267 **Va à l'intérieur.**

FAUX Gehe darin!

CORR **Gehe (da)hinein / Geh darein!**

NOTE *darin : là-dedans, à l'intérieur* ne peut exprimer une direction, à la différence de *darein* ou bien son synonyme *(da)hinein,* où l'ajout *da* est facultatif, quoique fréquent puisqu'il contribue à l'expressivité du syntagme.

TRAD Vous pouvez entrer par là aussi.

268 **Viens ici.**

FAUX Komm hier!

CORR **Komm hierher!**

NOTE *hier* (comme *dort* et *da* d'ailleurs) sont des locatifs qui ne peuvent exprimer une direction. Quand *ici* et *là(-bas)* ou *y* impliquent, en français, une direction et un mouvement, employer donc *hierher* et *dorthin* ou son synonyme plus familier *dahin.*

TRAD C'est ici que je suis né et c'est ici que je reviens toujours.

269 **La fête est finie/terminée.**

FAUX Das Fest ist fertig.

CORR **Das Fest ist vorbei.**

NOTE *fertig sein* signifie *avoir fini / être fini* (et donc être prêt), par ex. : *Das Essen ist fertig* : *Le plat est prêt,* alors que *vorbei sein* signifie *être fini* en parlant d'un événement (comme par exemple les vacances, une fête, etc.). Retenir aussi la traduction la plus fréquente de *L'école est finie – Die Schule ist aus* et de *Ma journée (de travail) est terminée / J'ai terminé (ma journée de travail) – Ich habe Feierabend.*

TRAD 1 – Quand les vacances seront terminées, nous rentrerons à la maison.

2 – J'ai fini !

270 **autrefois**

FAUX vorher/bevor/damals

CORR **früher**

NOTE Distinguer avec précision :

— avant + nom : vor + D

— avant de/que : bevor (sans construction infinitive)

— avant cela : vorher

— avant (au sens de auparavant) : vorher (adverbe sans complément)

— avant (au sens de autrefois) : früher (adverbe sans complément)

— à l'époque : damals

TRAD 1 – Avant, les jeunes filles ne sortaient pas toutes seules le soir.

2 – Tu aurais dû le dire avant.

3 – Elle s'est couchée à onze heures. Avant cela, elle s'est lavé les dents.

4 – Prévenez-moi avant d'arriver.

5 – Prévenez-moi avant votre arrivée.

271 **à peu près**
FAUX fast (signifie *presque*)
CORR **ungefähr/ca./etwa**
NOTE Faire la même différence en allemand qu'en français.
TRAD J'ai besoin d'une centaine / d'à peu près / d'environ / de quelque cent exemplaires.

272 **Il reste au lit. En effet, il est malade.**
FAUX Er bleibt im Bett. In der Tat ist er krank.
Er bleibt im Bett. Tatsächlich ist er krank.
CORR **Er bleibt im Bett, denn er ist krank.**
Er bleibt im Bett. Er ist nämlich krank.
NOTE *en effet* se traduit tantôt par *nämlich* tantôt par *tatsächlich* (ou par *in der Tat*). Le problème résulte des deux sens du français *en effet.* Quand *en effet* ne peut pas être remplacé par *effectivement,* on a *nämlich* qui exprime une cause et qui peut être remplacé par *denn* : *car.*

EXEMPLE : *Il ne voit rien. En effet* (= car) *il est aveugle – Er sieht nichts. Er ist nämlich blind. / Denn er ist blind.*

Mais quand *en effet* peut être remplacé par *effectivement,* ce qui n'est pas souvent le cas, on a *tatsächlich* ou le syntagme synonyme *in der Tat,* qui sont à employer avec prudence puisqu'ils n'expriment pas une cause, mais une confirmation de ce qui vient d'être constaté.

EXEMPLE : *J'ai relu l'article. Il n'est en effet* (effectivement) *pas très intéressant – Ich habe den Artikel noch einmal gelesen. Er ist tatsächlich / in der Tat nicht sehr interessant.*

La différence entre *en effet* et *effectivement* peut paraître délicate en français, mais elle est nette en allemand.
TRAD 1 – Je ne peux pas dormir avec ce vacarme. En effet, je n'y suis pas habitué.
2 – *Lui :* Nous n'avons plus de courant. – *Elle :* En effet, nous n'avons plus de courant. En effet, la radio ne marche plus.

273 **Il n'a pas de cheveux gris. En effet, il est jeune.**
FAUX Er hat keine grauen Haare. Nämlich ist er jung.
CORR **Er hat keine grauen Haare. Er ist nämlich jung.**
NOTE *Nämlich* ne peut figurer en tête de phrase.
TRAD Elle ne peut parler à personne. En effet, elle est toute seule.

274 **sans doute**
FAUX ohne Zweifel (signifie *sans aucun doute*)
CORR **wahrscheinlich**
NOTE Distinguer entre *sans aucun doute* : *ohne Zweifel* et *sans doute* (probablement) : *wahrscheinlich.*
TRAD Il n'y a sans doute jamais eu une meilleure occasion.

275 **à temps**
FAUX pünktlich (signifie *à l'heure*)
CORR **rechtzeitig**
NOTE La différence de sens entre *à l'heure* et *à temps* peut paraître souvent minime, mais elle ne l'est pas toujours.
TRAD Certes, vous n'arrivez pas à l'heure, mais encore juste à temps.

276 **Il a bu au moins trois verres de bière.**
FAUX Er hat zumindest drei Glas Bier getrunken.
CORR **Er hat mindestens drei Glas Bier getrunken.**
NOTE *au moins* (+ chiffre ou quantité) : *mindestens,* mais *au moins* (valeur morale) : *wenigstens/zumindest.*
TRAD Si au moins tu étais prêt à prendre un hôtel moins cher, nous économiserions au moins la moitié.

277 **Laissez-le tranquille !**
FAUX Lassen Sie ihn ruhig!
CORR **Lassen Sie ihn in Ruhe!**
NOTE *ruhig,* employé comme adverbe, peut adopter un sens très spécial qui exprime l'acquiescement, l'insouciance. La phrase *Lassen Sie ihn ruhig* signifie : *Laissez-le faire* (je suis d'accord). Au sens propre de *tranquille(ment),* il vaut mieux utiliser *in Ruhe,* sauf devant un nom puisque *in Ruhe* est un adverbe ; on utilise dans ce cas précis *ruhig.*
TRAD 1 – Maintenant, je vais tranquillement lire le journal.
2 – Avez-vous passé des vacances tranquilles ?

278 **Heureusement, il est venu.**
FAUX Glücklich ist er gekommen.
CORR **Glücklicherweise ist er gekommen.**
NOTE Certains rares adverbes allemands adoptent le suffixe *-erweise,* mais uniquement quand ils portent sur la proposition entière :
— normalerweise : normalement
— gerechterweise : par équité

— seltsamerweise : curieusement, étrangement
— interessanterweise : chose intéressante...
— erstaunlicherweise : chose étonnante...
— ehrlicherweise : honnêtement, etc.

Quand ces adverbes ne portent pas sur la proposition entière, mais sur un élément de la proposition, on forme l'adverbe de façon habituelle, c'est-à-dire sans désinence ou suffixe : *Il est habillé étrangement – Er ist seltsam angezogen/gekleidet.*

TRAD Stupidement, j'ai oublié ma clé à la maison.

279 **dès maintenant**

FAUX schon nun

CORR **schon jetzt / jetzt schon / nun schon**

NOTE *schon nun* est impossible, alors que l'usage admet *jetzt schon, schon jetzt* et *nun schon.*

TRAD Est-ce qu'on peut planter des pommes de terre dès maintenant ?

280 **Enfin, je dirais que...**

FAUX Endlich würde ich sagen, dass...

CORR **Schließlich würde ich sagen, dass...**

NOTE *endlich* implique aujourd'hui un fort soulagement *(« Enfin ! »).* Pour éviter cette connotation, utiliser *schließlich* (par exemple pour la conclusion d'une dissertation ou pour citer le dernier élément d'une énumération, cas où *endlich* serait déplacé).

TRAD 1 – Enfin, on peut encore ajouter que...
2 – Enfin, nous revoilà !

9. Prépositions

281 **il y a vingt ans**
FAUX es gibt zwanzig Jahre
CORR **vor zwanzig Jahren** (datif)
NOTE Une faute fréquente chez les débutants consiste à traduire *il y a* systématiquement par *es gibt*. Dire *vor* + *D* quand on a le sens temporel *Ça fait / voilà (vingt ans...).*
TRAD Il y a un an aujourd'hui, il a émigré au Japon / en Suisse.

282 **un exemple de quelque chose**
FAUX ein Beispiel + gén. / von etwas
CORR **ein Beispiel für etwas**
NOTE Respecter la préposition.
TRAD Pouvez-vous en citer un autre exemple ?

283 **La cause/raison de ce problème**
FAUX Die Ursache / der Grund dieses Problems
CORR **Die Ursache / der Grund für dieses Problem**
NOTE Respecter la préposition.
TRAD La cause de cet accident n'a pas encore été trouvée.

284 **pour cette raison**
FAUX für diesen Grund
CORR **aus diesem Grund**
NOTE Cf. l'exemple précédent. C'est donc *aus* qui précède et *für* qui suit le substantif *Grund.*
TRAD Il ne peut aller au travail aujourd'hui pour des raisons de santé.

285 **l'intérêt pour quelque chose**
FAUX der Interesse für etwas
CORR **das Interesse an etwas (D)**

NOTE Retenir aussi *interessiert sein an* (+ datif) : *être intéressé par quelque chose.* Mais, dès lors qu'il y a le pronom réfléchi, la préposition change : *s'intéresser à* : *sich interessieren für.* Noter aussi que *Interesse* et ses dérivés ne prennent qu'un seul *r* au milieu du mot (tout comme en français et en anglais).

TRAD 1 – Ce monsieur a montré beaucoup d'intérêt pour notre projet.
2 – T'intéresses-tu beaucoup au sport ?
3 – Je ne suis pas intéressé par votre offre.

286 **avoir du respect pour quelqu'un**

FAUX Respekt für jemanden haben

CORR **Respekt vor jemandem haben**

TRAD Est-ce que tu n'as vraiment aucun respect pour les personnes âgées ?

287 **Elle a peur pour ses enfants.**

FAUX Sie hat Angst vor ihren Kindern.

CORR **Sie hat Angst um ihre Kinder.**

NOTE *peur de quelque chose / quelqu'un : Angst vor etwas/jemandem,* mais *peur pour quelque chose / quelqu'un* : *Angst um etwas/jemanden.*

TRAD L'empereur avait peur de ses ennemis puissants et pour le bien-être de son pays.

288 **la différence entre les deux (exemples)**

FAUX der Unterschied zwischen die beiden Beispiele

CORR **der Unterschied zwischen den beiden Beispielen**

NOTE L'accusatif après *zwischen* existe lorsqu'il y a une direction. Mais cet usage est si rare, surtout au sens figuré, qu'il vaut mieux s'habituer à mettre le datif.

TRAD Il ne perçoit pas de différence entre ces deux mots.

289 **beaucoup d'entre eux**

FAUX viele zwischen ihnen

CORR **viele von ihnen**

NOTE *entre : zwischen* ; *unter,* mais *d'entre* : *von.*

TRAD Combien d'entre vous aident leurs parents à faire le ménage ?

290 **à la différence de**

FAUX im Unterschied von

CORR **im Unterschied zu**

OTE Respecter la préposition. Retenir aussi :
— au contraire de : im Gegensatz zu
— en comparaison de : im Vergleich zu
— par rapport à : im Verhältnis zu

AD L'Allemagne est, à la différence de la France, un État fédéral.

91 Selon moi...

AUX Laut mir...

ORR **Meiner Meinung/Ansicht nach...**

OTE *laut : selon* est habituellement suivi d'un nom propre indécliné ou d'un substantif au génitif, de préférence sans article ou pronom démonstratif et pratiquement toujours sans pronom personnel : *Laut Doktor Müller, laut offizieller Zahlen.* On utilise toutefois bien plus souplement les prépositions *nach + D* et *gemäß + D* : *selon* qui figurent le plus souvent en postposition : *Doktor Müller nach* ; *offiziellen Zahlen gemäß.* Quand il s'agit de l'avis d'une personne *(selon l'avis de quelqu'un),* notamment avec un pronom de la première personne, on a la tournure *jemandes (G) Meinung/Ansicht nach* où le génitif peut être remplacé par un pronom possessif au datif : *des Arztes Ansicht nach* ; *seiner Meinung nach.*

AD 1 – Selon Christina, le football n'est pas un sport pour les femmes.
2 – Selon un sondage récent, il y a de moins en moins de fumeurs.

92 Grâce au progrès technique...

AUX Dank dem technischen Fortschritt... (= vieilli)

ORR **Durch den technischen Fortschritt...**

OTE *grâce à* peut se traduire par *dank,* préposition suivie jadis du datif mais régissant plus couramment, de nos jours, le génitif, sauf avec un pronom personnel : *dank dir.* Dans la langue courante, *dank* est de plus en plus rare et habituellement remplacé par *durch + A.*

AD Grâce à toi, la catastrophe a pu être évitée.

93 avec la crise (pour dire *à cause de la crise*)

AUX mit der Krise

ORR **durch die Krise**

OTE Quand *avec* est très proche d'un sens causal, on utilise *durch.*

AD Avec le chômage, il y a de plus en plus de conflits sociaux.

294 **être avec quelqu'un**
FAUX mit jemandem sein
CORR **mit jemandem zusammensein**
NOTE *mit jemandem sein* n'est possible que s'il y a, à la place de *zusammen,* un complément de lieu : *Sie ist mit ihm in Urlaub.*
TRAD 1 – Elle a connu son petit ami il y a un mois, et elle est toujours avec lui.
2 – Quand j'ai appris la bonne nouvelle, j'étais à la maison avec ma famille.

295 **En 1999**
FAUX In/Im 1999
CORR **1999**
NOTE Soit sans aucune préposition, soit *im Jahre 1999* (tournure un peu moins fréquente sauf pour les années en 00 : *Im Jahr(e) 2000*), mais il ne faut surtout pas faire précéder l'année de *in* ou *im.*
TRAD En 1996, les Jeux olympiques eurent lieu à Atlanta.

296 **dans la rue / à la rue**
FAUX in der Straße / in die Straße
CORR **auf der Straße** (locatif)
auf die Straße (directif)
NOTE La préposition *in* s'utilise uniquement quand on fait référence à une rue précise (en citant, par exemple, le nom) : *« In welcher Straße wohnst du? – In der Bachstraße. »*
TRAD Beaucoup de jeunes Allemands traînent dans la rue après l'école.

297 **dans un domaine**
FAUX in einem Gebiet / auf einem Bereich
CORR **auf einem Gebiet / in einem Bereich**
NOTE Moyen mnémotechnique pour ne pas confondre les prépositions : l'article de *das Gebiet* et la préposition *auf* contiennent un *a.* Le synonyme *der Bereich* est accompagné de la préposition *in.*
TRAD Dans le domaine social, de très nombreuses choses ont changé depuis la réunification.

298 **traduire quelque chose en allemand/français**
FAUX etwas auf Deutsch/Französisch übersetzen
CORR **etwas ins Deutsche/Französische übersetzen**

NOTE *en allemand/français*, etc. : *auf Deutsch/Französisch*, etc., sauf avec le verbe *übersetzen* où l'on a *ins* suivi de la langue sous la forme d'un adjectif substantivé et décliné.

TRAD J'ai ici un texte en allemand qui doit être traduit en français.

299 **boire dans un verre**

FAUX in einem Glas trinken

CORR **aus einem Glas trinken**

NOTE L'allemand voit donc plutôt la provenance avec les verbes *trinken, essen*, etc. : *von einem Teller / aus einem Topf essen* : *manger dans une assiette / une casserole.*

TRAD Préférez-vous boire la bière à la bouteille ou dans un verre ?

300 **la solution à un problème**

FAUX die Lösung zu einem Problem

CORR **die Lösung eines Problems**

NOTE Le substantif *Lösung* est suivi du génitif quand la préposition est *à* en français.

TRAD Jusqu'ici, personne n'a trouvé de solution efficace au chômage.

301 **le chemin de l'école**

FAUX der Weg der Schule

CORR **der Weg zur Schule / der Schulweg**

NOTE L'allemand utilise des prépositions spatiales après *der Weg* et des substantifs similaires. La formation d'un mot composé tel que *Schulweg* n'est pas toujours possible.

TRAD Ils sont à la recherche du chemin du bonheur / du paradis.

302 **la conception (idée) d'une chose**

FAUX die Auffassung/Idee einer Sache

CORR **die Auffassung von einer Sache**

NOTE Le génitif est possible pour désigner la personne qui a la conception/idée dont on parle. Pour désigner la chose dont on a une conception/idée, la préposition *von* est obligatoire.

TRAD Leurs parents ont encore une autre conception des devoirs sociaux.

303 **aller chez quelqu'un**

FAUX bei jemandem gehen

CORR **zu jemandem gehen**

NOTE *bei* ne peut exprimer une direction et ne s'emploie donc que lorsque l'on a un locatif qui exclut un déplacement.

EXEMPLE : *Tu es chez moi – Du bist bei mir.*

TRAD Est-ce que nous restons chez moi ou est-ce qu'on va chez vous ?

304 **aller chercher quelqu'un à la gare**

FAUX jemanden am Bahnhof holen

CORR **jemanden vom Bahnhof abholen**

NOTE L'allemand accentue, avec le verbe *abholen,* la provenance, d'où la préposition *von* et la particule verbale séparative et séparable *ab-*.

TRAD Voulez-vous que j'aille vous chercher à l'aéroport ?

305 **Je dois aller à la maison.**

FAUX Ich muss zu Hause gehen.

CORR **Ich muss nach Hause.**

NOTE a – *zu Hause* est un locatif où la préposition *zu* n'exprime exceptionnellement pas de direction (ex. : *Ich bin zu Hause*), à la différence du directif *nach Hause.*

b – Les verbes impliquant un déplacement tels que *gehen, fahren, fliegen* disparaissent le plus souvent quand ils dépendent d'un auxiliaire de mode et que la destination est indiquée. Ces verbes sont alors sous-entendus.

TRAD Maman, est-ce que j'ai le droit d'aller au cinéma aujourd'hui ?

306 **passer de** (+ chiffre) **à** (+ chiffre)

FAUX von... zu... steigen/sinken

CORR **von... auf... steigen/sinken**

NOTE *de... à... : von... zu/nach/bis...* (ou toute autre préposition spatiale selon le contexte), sauf avec des chiffres, où l'on a *von... auf + A...*

TRAD 1 – La température est passée de dix à onze degrés.

2 – Notre magasin est ouvert de lundi à samedi.

307 **augmenter de (dix pour cent)**

FAUX (von zehn Prozent) erhöhen

CORR **sich (um zehn Prozent) erhöhen**

NOTE a – *augmenter, faire croître quelque chose : etwas erhöhen,* mais *augmenter, croître* (intransitif) : *sich erhöhen* avec pronom réfléchi.

b – Lorsque la préposition française *de* désigne un changement de quantité, on utilise non pas *von,* mais *um,* notamment avec des verbes tels que *steigen, steigern, sinken, senken (sich) erhöhen, fallen, zunehmen, abnehmen, wachsen*, etc. La préposition *von* désigne, dans ce contexte, la quantité de départ et non le changement de quantité. Noter la façon dont on traduit la phrase suivante :

AD 1 – Le nombre des participants a augmenté de deux pour passer de sept à neuf.
2 – Son salaire a été augmenté de cinq pour cent.

08 **À dix ans (à l'âge de dix ans)**

UX Bei zehn Jahren

RR **Mit zehn (Jahren) / Im Alter von zehn Jahren**

AD Même à l'âge de soixante-dix ans, leur grand-père se sentait encore jeune.

09 **les enfants de moins/plus de dix ans**

UX Kinder von weniger/mehr als zehn Jahren

RR **Kinder unter/über zehn Jahren** (datif)

TE Tournures à retenir pour préciser une limite d'âge sans les calquer sur les comparatifs français *moins de, plus de.*

AD L'accès est interdit aux enfants de moins de treize ans.

10 **concurrencer quelqu'un**

UX jemanden konkurrenzieren

RR **mit jemandem konkurrieren**

TE En plus de la préposition, noter que ce verbe ne possède pas l'infixe *-enz-*.

AD Les Européens ont de plus en plus de mal à concurrencer les Japonais.

11 **habiter près de (Berlin, Hambourg**, etc.**)**

UX neben (Berlin, Hamburg, etc.) wohnen

RR **bei (Berlin, Hamburg**, etc.**) wohnen**

TE En parlant de villes/pays, etc., on dira *in der Nähe von* (Berlin, Hamburg, etc.) ou bien : *bei* (Berlin, Hamburg, etc.).

AD 1 – J'habite dans une petite ville près de Paris.
2 – L'île de Ré est près de La Rochelle.

312 **J'ai dix euros sur moi.**
FAUX Ich habe zehn Euro auf mir.
CORR **Ich habe zehn Euro bei mir.**
NOTE *avoir quelque chose sur soi* au sens *avoir quelque chose avec soi* : *etwas bei sich haben.*
TRAD Avez-vous une pièce d'identité sur vous ?

313 **À quel genre de problèmes avons-nous affaire ?**
FAUX Mit was für Probleme haben wir es zu tun?
CORR **Mit was für Problemen haben wir es zu tun?**
NOTE *Problemen* est au datif, d'où la désinence *-en.* Le cas du nom qui suit le syntagme *was für (ein-) : quel genre de* ne dépend pas de *für,* mais de la fonction de ce nom dans la phrase ou de la préposition qui précède *was für (ein-).* Dans l'exemple cité, c'est donc la préposition *mit* qui détermine le cas de *Problemen.*
TRAD 1 – Quel genre de texte est-ce ?
2 – Dans quel genre de train as-tu voyagé à Trèves ?

314 **protéger quelqu'un de quelque chose**
FAUX jemanden von etwas schützen
CORR **jemanden vor etwas (D) schützen**
NOTE Respecter la préposition *vor.* Retenir aussi que le substantif *der Schutz* : *la protection* n'a pas de *umlaut.*
TRAD Les parents ont le devoir de protéger leurs enfants de tout danger.

315 **Il souffre du stress.**
FAUX Er leidet an Streß.
CORR **Er leidet unter Streß.**
NOTE *souffrir* (d'une maladie) : *leiden an + D,* mais *souffrir* (d'autre chose que d'une maladie) : *leiden unter + D.* C'est un verbe fort : *leiden, leidet, litt, hat gelitten.*
TRAD 1 – Les touristes ont beaucoup souffert de la chaleur.
2 – Comme elle souffre souvent de maux de tête, elle a toujours des cachets à portée de la main.

10. Verbes

216 **Sous la table, il y avait un chien.**

FAUX Unter dem Tisch gab es einen Hund.

CORR **Unter dem Tisch lag/saß/stand/war ein Hund.**

NOTE On évitera *es gibt* dans les descriptions d'une image ou d'un lieu : *es gibt* serait alors aussi maladroit que *il existe* en français. On emploiera *sein* ou, plus avantageusement, un verbe plus expressif, comme par exemple *stehen, sitzen, liegen.*

TRAD Au premier plan de l'image, il y a un arbre.

217 **Il existe des gens qui...**

FAUX Es existiert Leute, die...

CORR **Es existieren Leute** (nominatif), **die**
Es gibt Leute (accusatif), die

NOTE À la différence du français, ce n'est pas le sujet grammatical *es,* mais le sujet contextuel qui détermine le nombre. La seule exception est *es gibt* qui reste toujours au singulier et qui est suivi de l'accusatif.

TRAD Il se passe des choses étranges ces derniers temps.

218 **Il y a un mois de cela.**

FAUX Es gibt einen Monat seitdem.

CORR **Das ist einen Monat her. / Das war vor einem Monat.**

NOTE *il y a (un an,* etc.*)* au sens temporel de *ça fait (un an,* etc.*)* ne donne pas *es gibt,* mais la préposition *vor + D.* Retenir aussi la traduction de : *remonter à / dater d'il y a (x ans), il y a (x ans) de... : (x Jahre) her sein* ou : *(Das) war vor + D (x Jahren).*

TRAD Je suis arrivée en Allemagne enfant. Cela remonte déjà à trente ans.

319 **écouter quelqu'un** (dans le sens de *écouter le conseil de quelqu'un*)
FAUX jemandem zuhören
CORR **auf jemanden hören**
NOTE *écouter quelqu'un/quelque chose : jemandem/etwas (D) zuhören,* sauf au sens *écouter* (le conseil de) *quelqu'un* : *auf jemanden hören*
TRAD 1 – Il ne va pas nous écouter, mais faire autre chose.
2 – Écoute-moi quand je parle.

320 **Il écoute un CD / un disque.**
FAUX Er hört einem CD / Schallplatte zu.
CORR **Er hört eine CD / eine Schallplatte.**
NOTE *écouter quelque chose/quelqu'un : etwas/jemandem zuhören,* ou bien *auf etwas/jemanden hören* (qui signifie *écouter le conseil de quelqu'un*). Mais *écouter* : *hören* dans les exemples suivants :
— écouter de la musique : Musik hören
— écouter un disque : eine (Schall-)Platte hören. Le genre féminin de *eine CD* est analogique de celui de *die Schallplatte*
— écouter la radio : Radio hören
TRAD Au lieu d'écouter constamment des disques, tu devrais plutôt m'écouter, moi.

321 **Je vous entends mal.**
FAUX Ich höre Sie schlecht.
CORR **Ich verstehe Sie schlecht.**
NOTE *entendre : hören* sauf au sens de *(ne pas) entendre ce qu'on vous dit* où l'usage préfère *verstehen,* et ce malgré l'ambiguïté du sens : *Ich verstehe Sie nicht* veut dire à la fois *Je ne vous entends pas* et *Je ne vous comprends pas.*
TRAD 1 – Il parle toujours si bas que je l'entends à peine.
2 – Est-ce que tu as entendu le tonnerre cette nuit ?

322 **entendre parler de quelque chose/quelqu'un**
FAUX von etwas/jemandem sprechen hören
CORR **von etwas/jemandem hören**
NOTE *parler : sprechen* et *entendre* : *hören,* mais *entendre parler de quelqu'un/quelque chose* : *von jemandem/etwas hören,* où l'on ne traduit pas le français *parler.*
TRAD Avez-vous déjà entendu parler de la foire de Hanovre ?

23 **parler de quelque chose à quelqu'un**
UX jemandem von etwas sprechen
RR **jemandem von etwas erzählen**
TE *sprechen* n'admet pas de complément d'objet indirect au datif *(jemandem)*. Retenir :

— parler à quelqu'un : mit jemandem sprechen (ex. : Je te parle : Ich spreche mit dir), mais

— parler à quelqu'un (au sens de entrer en contact avec, joindre quelqu'un pour lui parler dans un but précis) : *jemanden* (accusatif) sprechen (ex. : Puis-je parler au directeur ? : Kann ich den Direktor sprechen?).

Retenir aussi *(nicht) zu sprechen sein* : *(ne pas) être disponible (pour un entretien)*.

— parler de quelque chose : von/über etwas sprechen (ex. : De quoi parle-t-il ? : Worüber spricht er?)

— parler de quelque chose à / avec quelqu'un (au sens de discuter) : *mit jemandem* über etwas sprechen (ex. : Je lui ai parlé de son avenir : Ich habe mit ihm über seine Zukunft gesprochen)

— parler de quelque chose à quelqu'un (au sens de raconter) : jemandem von etwas erzählen (ex. : Parle-moi un peu de toi : Erzähle mir etwas von dir !)

— raconter ses vacances, etc. : *von* seinen Ferien erzählen

— raconter une histoire : eine Geschichte erzählen (sans la préposition *von*)

CONCLUSION : On ne peut pas dire *jemandem über/von etwas sprechen.*

AD 1 – Si quelqu'un t'en parle, mets-moi au courant, s'il te plaît.
2 – Je ne te parle plus.
3 – Ce soir, le chancelier parlera de la situation du pays.
4 – Puis-je vous parler brièvement ?
5 – Grand-mère, parle-nous de la guerre.

4 **Il nous répéta l'histoire.**
X Er wiederholte uns die Geschichte.
R **Er erzählte uns die Geschichte noch einmal.**
E *répéter : wiederholen.* Ce dernier verbe n'admet cependant pas de complément au datif. On a alors recours à *jemandem etwas noch einmal erzählen/sagen,* etc.
D Combien de fois dois-je vous répéter que votre présence est indispensable ?

325 **prendre une place importante**
FAUX einen wichtigen Platz nehmen
CORR **einen wichtigen/großen Platz einnehmen**
NOTE Le verbe *nehmen* sans la particule *ein-* signifierait ici *ôter.*
TRAD Le temps libre prend une place de plus en plus importante dans notre société.

326 **prendre une mesure / une décision**
FAUX eine Maßnahme / eine Entscheidung nehmen
CORR **eine Maßnahme / eine Entscheidung treffen** (trifft, traf, hat getroffen)
NOTE Retenir aussi : *prendre une résolution : einen Entschluss/Beschluss fassen.* Pour ne pas confondre *treffen* et *fassen,* noter qu'il y a une analogie (accidentelle) entre le *-ss-* dans *Entschluss/Beschluss* et le *-ss-* dans *fassen, fasst, fasste, gefasst.* À la place de *eine Maßnahme treffen,* on peut dire également *eine Maßnahme ergreifen (ergreift, ergriff, hat ergriffen).*
TRAD 1 – Avez-vous enfin pris une décision ?
2 – Toutes les mesures qu'on prend contre le chômage ne sont pas efficaces.

327 **prendre un café/thé,** etc.
FAUX einen Kaffee/Tee, usw., nehmen
CORR **einen Kaffe/Tee,** usw., **trinken**
NOTE *prendre* au sens de *boire, consommer* : *trinken,* mais au sens de *commander,* on peut aussi dire *nehmen.*
EXEMPLE : *Je prends un café pour moi et un chocolat pour ma fille – Ich nehme einen Kaffee für mich und einen Kakao für meine Tochter.*
TRAD Pendant leur conversation, ils ont pris un café.

328 **Je <u>re</u>prends un peu de café/gâteau,** etc.
FAUX Ich nehme etwas Kaffee/Kuchen, usw., zurück.
CORR **Ich nehme noch etwas Kaffee/Kuchen,** usw.
NOTE *reprendre* (prendre ce que l'on avait donné) : *zurücknehmen,* mais *reprendre* (prendre de nouveau quelque chose) : *noch (einmal) etwas nehmen.*
TRAD 1 – Comme tes maux de tête durent, tu devrais peut-être reprendre un cachet.
2 – Nous reprenons tous nos produits huit jours après achat.

29 prendre une douche
UX eine Dusche nehmen
RR **duschen**
TE On entend parfois *eine Dusche nehmen,* mais il s'agit là d'un anglicisme/gallicisme que l'usage courant n'admet pas.
AD Après le match, les joueurs sont partis prendre une douche.

30 prendre le train / la voiture pour Berlin
UX den Zug / das Auto für Berlin nehmen
RR **mit dem Zug / dem Auto nach Berlin fahren**
TE a – *den Zug / das Auto nehmen* est possible, mais peu idiomatique
b – *pour : für* sauf au sens de : *en direction de* : *nach*
AD Avez-vous déjà pris le train pour Moscou ?

31 prendre l'avion pour Bonn
UX das Flugzeug nach Bonn nehmen
RR **nach Bonn fliegen** (fliegt, flog, ist geflogen)
TE Cf. l'exemple précédent.
AD Notre grand-père n'a jamais pris l'avion.

32 Les étrangers prennent-ils les emplois des Allemands ?
UX Nehmen die Ausländer die Plätze der Deutschen?
RR **Nehmen die Ausländer den Deutschen die Arbeitsplätze (weg)?**
TE Le verbe *nehmen* signifie tantôt *prendre, accepter,* tantôt *prendre, ôter.* Dans ce dernier cas, la personne à qui l'on prend/ôte quelque chose se met obligatoirement au datif en allemand. On ajoute souvent la particule verbale *weg* pour mettre en valeur l'aspect privatif de l'action.
AD Les hommes prennent l'espace vital des animaux.

3 faire un choix
UX einen Wahl machen
RR **eine Wahl treffen**
TE a – Cf. *eine Entscheidung/Maßnahme treffen : prendre une décision/mesure*
b – *die Wahl* est du genre féminin !
AD Vous ne devriez pas hésiter si longtemps, mais faire un choix dès maintenant.

4 se faire comprendre
UX sich verstehen lassen
RR **sich verständlich machen**

NOTE Cas isolé. Expression à apprendre telle quelle.
TRAD Dietmar avait du mal à se faire comprendre en anglais.

335 **Arrête (cela) !**
FAUX Hör' das auf!
CORR **Hör' auf (damit)!**
NOTE *arrêter/cesser* (intransitif) : *aufhören,* mais *arrêter quelque chose* (transitif) : *mit etwas aufhören.* Quand *arrêter* ne peut être remplacé par *cesser* en français, comme dans *arrêter le chômage,* on aura *(die Arbeitslosigkeit) stoppen.*
TRAD 1 – Vous me faites mal ! Arrêtez !
2 – Que peut-on faire pour arrêter le sida ?

336 **arrêter/cesser de faire quelque chose**
FAUX halten, etwas zu tun
CORR **aufhören, etwas zu tun**
NOTE *(s')arrêter* peut donner *(an)halten* au sens de *suspendre le mouvement,* par exemple *Der Bus hält hier nicht,* mais au sens de *cesser,* on a *auf/hören (mit etwas / etwas zu tun).*
TRAD Arrêtez de me faire des reproches.

337 **Il s'est arrêté chez son voisin.**
FAUX Er hat bei seinem Nachbar angehalten.
CORR **Er hat bei seinem Nachbarn Halt gemacht.**
NOTE a – *s'arrêter* se traduit par *Halt machen* au sens de *faire halte.*
b – *der Nachbar* est un masculin faible. Il s'ensuit qu'on a la désinence *n* à tous les cas sauf au nominatif singulier.
TRAD Les touristes ne se sont pas arrêtés à notre hôtel.

338 **finir par faire quelque chose**
FAUX aufhören etwas zu tun
CORR **schließlich etwas tun**
NOTE *finir : aufhören,* et *finir de faire quelque chose* : *aufhören, etwas zu tun. Finir par faire quelque chose* ne donne pas de construction infinitive en allemand, mais se traduit à l'aide de *schließlich* : *finalement.* À la place de *Il a fini par le dire,* on dit donc : *Il l'a finalement dit : Er hat es schließlich gesagt.*
TRAD 1 – Il a fini de pleuvoir.
2 – Comme personne ne voulait l'accompagner au théâtre, Florent a fini par y aller tout seul.

339 **Il pouvait avoir vingt ans.**

AUX Er konnte zwanzig (Jahre alt) sein.

ORR **Er mag zwanzig (Jahre alt) gewesen sein.**
Er mochte zwanzig (Jahre alt) sein.
Er war vielleicht zwanzig (Jahre alt).

OTE *pouvoir* pour exprimer une possibilité réelle donne *können,* mais quand il s'agit d'une estimation ou supposition très vague, on emploie *mögen* ou bien on a recours à *vielleicht* : *peut-être.* Lorsque la supposition porte sur le passé, on a soit la forme *mochte (Er mochte krank sein)* soit *mögen* conjugué au présent + infinitif au parfait : *Er mag krank gewesen sein.* En revanche, le conditionnel *pourrait* se traduit toujours par *könnte,* le subjonctif *möchte* signifiant *voudrait.*

RAD 1 – Nous levions les yeux vers une montagne qui pouvait être haute de deux mille mètres.
2 – Comme il attendait un coup de téléphone, il ne pouvait pas s'absenter.
3 – Cela pourrait marcher !

40 **Les animaux ne savent pas parler.**

UX Die Tiere wissen nicht zu sprechen.

ORR **Tiere können nicht sprechen.**

OTE a – Quand l'article défini français *les* signifie *la totalité* (*d'une espèce,* etc.), on n'a, le plus souvent, pas d'article en allemand.
b – *savoir : wissen,* mais avec un infinitif, on a *savoir faire quelque chose* : *etwas tun können* qui veut dire également *pouvoir faire quelque chose.*

AD 1 – Leur fils savait déjà marcher à un an.
2 – Les étrangers ne peuvent pas toujours se défendre des attaques des xénophobes.

41 **réussir**

UX erfolgen

RR **es schaffen** (verbe faible)
gelingen (gelingt, gelang, ist gelungen)

OTE *der Erfolg : la réussite,* mais le verbe dérivé du nom n'a pas le même sens : *erfolgen* signifie *s'effectuer.* Pour plus d'explications sur *schaffen* et *gelingen,* voir l'exemple suivant.

AD Claudia n'a pas réussi à arriver en cours à l'heure.

342 **réussir dans la vie / le métier**

FAUX im Leben / Beruf gelingen

CORR **im Leben / Beruf erfolgreich sein**
es im Leben / Beruf zu etwas bringen

NOTE Retenir ces tournures pour traduire *réussir dans la vie / le métier.* Dans d'autres contextes, la traduction de *réussir* est assez complexe parce que l'on a deux verbes de même sens mais qui ne se construisent pas de la même façon :

— *gelingen (gelingt, gelang, ist gelungen)* peut avoir une chose pour sujet *(Le travail lui a réussi – Die Arbeit ist ihm gelungen),* mais non une personne. Le complément personnel se retrouve au datif. Pour annoncer une dépendante infinitive, on a recours à une construction impersonnelle où le pronom *es* fonctionne comme sujet grammatical : *J'ai réussi à le faire – Es ist mir gelungen, es zu tun.* Au parfait, l'auxiliaire est *sein* ;

— *schaffen (schafft, schaffte, hat geschafft)* nécessite l'auxiliaire *haben* au parfait et le sujet est une personne : *Il a réussi l'examen – Er hat die Prüfung geschafft.* Dans le cas d'une dépendante infinitive, on ajoute le pronom impersonnel *es* qui, à la différence du *es* avec *gelingen,* n'est pas sujet, mais sert à annoncer la dépendante infinitive : *J'ai réussi à le faire – Ich habe es geschafft, es zu tun.* On ajoute également *es* quand il n'y a pas d'autre objet grammatical : *J'ai réussi – Ich habe es geschafft.*

TRAD 1 – Frédéric a la ferme intention de réussir dans la vie.
2 – Ils sont sûrs de réussir leur baccalauréat.
3 – Notre voisin n'est pas arrivé à réparer le toit avant l'arrivée de l'hiver.
4 – Cette fois-ci, son discours ne lui a pas vraiment réussi.
5 – Je n'y arrive pas.

343 **arriver en courant/bondissant,** etc.

FAUX laufend/springend ankommen

CORR **(an)gelaufen/(an)gesprungen kommen**

NOTE Le gérondif français des verbes impliquant un mouvement donne un participe passé, mais uniquement en présence du verbe *kommen.* Lorsque la direction du mouvement n'est pas indiquée, le participe passé est souvent précédé de la particule verbale *an-* au sens de *vers quelqu'un.* Avec d'autres verbes que *kommen,* le gérondif français se traduit soit par un participe présent, soit par une dépendante conjonctive.

TRAD Il prit la fuite en criant, lorsque le serpent vint (en rampant) vers lui.

344 **Il prend sa douche en chantant à haute voix.**

FAUX Er duscht, indem er laut singt.
Er duscht beim Singen laut.

CORR **Er duscht und singt dabei laut.**
Beim Duschen singt er laut.
Während er duscht, singt er laut.

NOTE Lorsque le gérondif français a un sens temporel, il se traduit par une dépendante entière introduite par des conjonctions temporelles telles que *während, als, wenn.* La construction *beim* + verbe substantivé n'est possible que lorsqu'il n'y a pas de complément (sauf au génitif : *Beim Aufsetzen dieses Briefes – En rédigeant cette lettre*). Ne pas confondre cette construction au sens uniquement temporel avec l'anglais *by doing* qui exprime le moyen. Pour traduire le moyen en allemand, on se sert, de nos jours, de la conjonction *indem* qui n'est plus très courante au sens temporel.

TRAD 1 – Je n'aime pas écouter de la musique en travaillant.
2 – Les paysans se racontaient des histoires en travaillant durement dans les champs.
3 – Ils voudraient faire des économies en achetant moins de choses inutiles.

345 **Si je voulais...**

FAUX Wenn ich wöllte...

CORR **Wenn ich wollte...**

NOTE Se rappeler que le subjonctif II des verbes faibles est identique au prétérit. Les verbes forts prennent, par rapport au prétérit, la marque *-e-* (et un *umlaut* si le radical contient les voyelles *a, o* ou *u*) : *ich bot – ich böte.* Quant aux verbes de modalité, ils n'ont jamais de *umlaut* au prétérit et en reprennent un au subjonctif II seulement s'ils en ont déjà un à l'infinitif :

INFINITIF	PRÉTÉRIT	SUBJONCTIF II		
verbes faibles				
machen	machte	machte	(ou bien)	machen würde
stellen	stellte	stellte	(ou bien)	stellen würde
verbes forts				
geben	gab	gäbe	(ou bien)	geben würde
fallen	fiel	fiele	(ou bien)	fallen würde
lügen	log	löge	(ou bien)	lügen würde
tun	tat	täte	(ou bien)	tun würde

INFINITIF	PRÉTÉRIT	SUBJONCTIF II	
verbes de modalité			
können	konnte	könnte	Éviter
dürfen	durfte	dürfte	*würde*
müssen	mußte	müßte	avec les
dürfen	durfte	dürfte	verbes de
mögen	mochte	möchte	modalité
	mais :		
wollen	wollte	wollte	
sollen	sollte	sollte	

TRAD Heinz pourrait réussir si seulement il le voulait.

346 avoir besoin de faire quelque chose

FAUX etwas zu tun brauchen

CORR **etwas tun müssen**

NOTE *(ne pas) avoir besoin de* suivi d'un nom : *etwas (nicht) brauchen,* mais suivi d'un verbe, *brauchen* n'est possible qu'en présence d'une négation (*nicht* ou *kein*) ou d'une restriction (par ex. *nur* ou *erst*). Dans le cas contraire, on a recours à *müssen* ou, dans certains contextes, à *das Bedürfnis haben nach etwas / etwas zu tun – éprouver le besoin de faire quelque chose.*

TRAD 1 – J'ai besoin de partir tout de suite.
2 – Tous les hommes ont besoin d'être aimés.

347 Tu ne dois pas le faire.

FAUX Du musst es nicht tun.

CORR **Du darfst es nicht tun.**

NOTE Retenir :
— être obligé, devoir : müssen
— ne pas être obligé : nicht müssen
— avoir le droit, pouvoir : dürfen
— ne pas avoir le droit, ne pas devoir : nicht dürfen

Il faut surtout éviter d'identifier *ne pas devoir* à *nicht müssen* (alors que l'anglais *must not* signifie bien *ne pas devoir*).

TRAD 1 – Le malade ne devait pas quitter le lit.
2 – Le malade n'était pas obligé de rester au lit.

348 Il a dû se tromper.

FAUX Er hat sich irren müssen.

CORR **Er muß sich geirrt haben.**

NOTE Retenir les différentes constructions selon le sens :

— *Il a dû le faire* (au sens de : *Il a été obligé de le faire*) : *Er hat es tun müssen* ou : *Er musste es tun.* C'est donc le modal *müssen* qui se met au temps voulu pour exprimer l'obligation.

— *Il a dû le faire* (au sens de : *Il l'a certainement fait*) : *Er muss es getan haben.* Le modal *müssen* est accompagné d'un infinitif au parfait pour exprimer la certitude (subjective). Cf. en français : *Il doit l'avoir fait.*

TRAD 1 – La police a (avait) dû le prendre pour le coupable.

2 – Il a dû partir si tôt parce qu'il avait un rendez-vous.

349 **aimer faire quelque chose**

FAUX etwas machen mögen/lieben

CORR **etwas gern machen**

NOTE *aimer quelque chose : etwas mögen* et *aimer quelqu'un* : *jemanden lieben,* mais avec un infinitif, on évitera *lieben* et *mögen.* Dire : *etwas gern tun/machen* (et le comparatif : *etwas lieber machen* : *préférer faire quelque chose*). On rencontre parfois, dans un langage très familier et négligé, *mögen* + infinitif, surtout à la forme négative avec *nicht* ou *kein,* construction qui prend le plus souvent le sens de *(ne pas) avoir envie de faire quelque chose.* Bien que la langue soit apparemment en évolution dans ce domaine, cette construction fautive n'est pas recommandable sauf pour exprimer une hypothèse, comme dans l'exemple : *Er mag zu Hause sein – Il peut être à la maison* (et non pas *Il aime être à la maison*). En revanche, pour traduire le conditionnel *J'aimerais/voudrais faire quelque chose*, on a invariablement le subjonctif II dérivé de *mögen* : *Ich möchte (gern) etwas tun.*

TRAD Comme j'aime les chevaux, j'aime aussi faire du cheval.

350 **Il continue d'être malade.**

FAUX Er fährt fort krank zu sein.

CORR **Er ist weiterhin krank.**

NOTE Le verbe rare *fort/fahren* connote toujours l'intention de continuer quelque chose. Cette intention ne se retrouve pas dans la construction avec *weiterhin* (dont le sens temporel est proche de *toujours, encore*), mais elle peut se retrouver, selon le contexte, dans la construction avec *weiter* (qui possède une connotation temporelle : *toujours, encore* ou spatiale : *plus loin*) : *continuer la route* : *weiter/fahren* ; *continuer le travail – weiter/arbeiten,* etc.

TRAD Malgré tout cela, tu continues d'être mon ami.

351 **empêcher quelqu'un/quelque chose de faire quelque chose**
FAUX jemanden/etwas verhindern, etwas zu tun
CORR **jemanden/etwas daran hindern, etwas zu tun**
NOTE *empêcher une chose : etwas verhindern,* mais *empêcher quelqu'un : jemanden hindern an + D* et, avec une infinitive : *empêcher quelque chose/quelqu'un* (+ infinitif) *de faire quelque chose : jemanden/etwas daran hindern, etwas zu tun.*
TRAD 1 – Personne ne peut l'empêcher de faire ce qu'il juge bon.
2 – La police fait tout pour empêcher l'attentat annoncé par une lettre anonyme.

352 **éviter quelqu'un**
FAUX jemanden vermeiden
CORR **jemanden meiden** ou : **jemandem ausweichen**
NOTE *etwas vermeiden (vermeidet, vermied, hat vermieden)* s'emploie quand le complément est une chose, les verbes *jemanden (A) meiden (meidet, mied, hat gemieden)* et *jemandem (D) ausweichen (weicht aus, wich aus, ist ausgewichen)* quand le complément est une personne.
TRAD 1 – Depuis que son collègue l'avait critiquée, elle l'évitait.
2 – Il évite tout contact avec son adversaire.

353 **Cela entraîne des problèmes.**
FAUX Das zieht nach sich Probleme.
Das hat zur Folge Probleme.
CORR **Das zieht Probleme nach sich.**
Das hat Probleme zur Folge.
NOTE Dans *etwas nach sich ziehen* et *etwas zur Folge haben,* les groupes prépositionnels *nach sich* et *zur Folge* occupent la même place qu'une particule verbale.
TRAD Son déménagement entraîna leur séparation définitive.

354 **Aide-moi.**
FAUX Helfe mich!
CORR **Hilf mir!**
NOTE a – *aider quelqu'un* ne suit pas le même régime que *jemandem helfen* (+ datif !)
b – Au singulier, la formation de l'impératif dépend du radical du verbe. Si celui-ci se transforme, à la 3e personne du singulier, de *-e-* en *-i-,* l'impératif est identique à ce radical transformé

sans désinence : *Gib!, Hilf!, Sieh!, Sprich!, Iss!,* etc. L'impératif des autres verbes se construit à l'aide du radical de l'infinitif + la désinence *-e*. Cette désinence disparaît le plus souvent dans la langue parlée et toujours dans l'impératif du verbe *sein* : *Sei!, Komm(e)!, Lauf(e) !, Spring(e)!, Tu(e)!, Hab(e)!* Au pluriel, on a la forme conjuguée selon la personne. Quand la forme est identique à l'infinitif, on ajoute *Sie* ou *wir* : *Geht!, Gehen wir!, Gehen Sie! ; Sprecht!, Sprechen wir!, Sprechen Sie!* L'impératif allemand est suivi d'un point d'exclamation.

TRAD 1 – Dépêche-toi et n'oublie pas tes affaires.
2 – Dépêchez-vous et n'oubliez pas vos affaires.

355 **Ils ont été aidés.**

FAUX Sie sind geholfen worden.

CORR **Es ist ihnen geholfen worden. / Ihnen ist geholfen worden.**

NOTE Le problème résulte du fait que le français *aider quelqu'un* ne suit pas le même régime que l'allemand *helfen* qui est accompagné d'un complément au datif. Or, lors de la transformation de la voix active en voix passive, le complément à l'accusatif donne normalement le sujet à la voix passive, mais on ne transforme pas les compléments d'objet indirect, qui restent donc au datif. À défaut d'un sujet à la voix passive, on a recours au pronom *es* dit explétif. Celui-ci disparaît lorsqu'il n'occupe pas la première place, tout en conservant sa fonction de sujet « sous-entendu », c'est-à-dire qu'à défaut d'un sujet au pluriel le verbe se met au singulier, comme dans l'exemple cité.

TRAD Les malades ne peuvent malheureusement pas être aidés.

356 **Il s'est fait écraser par une voiture.**

FAUX Er hat sich von einem Auto überfahren lassen.

CORR **Er ist von einem Auto überfahren worden.**

NOTE L'allemand ne distingue pas entre *faire faire quelque chose à quelqu'un* et *laisser quelqu'un faire quelque chose* : *jemanden etwas tun lassen.* La construction française, telle qu'on la trouve dans les exemples cités, peut être ambiguë quand elle est pronominale. On la traduit par *sich etwas machen lassen* lorsque le sujet demande à subir l'action *(Je me suis fait couper les cheveux : Ich habe mir die Haare schneiden lassen),* mais on a avantageusement recours au passif si le sujet ne demande pas à subir l'action : *Je me suis fait battre* (au sens de *J'ai été battu*) : *Ich bin geschlagen worden.*

TRAD 1 – Comme elle n'a pas fait attention, elle s'est fait voler son sac à main.
2 – Il se fait livrer son journal à la maison.

357 **être assis**
FAUX gesessen sein
CORR **sitzen** (sitzt, saß, hat gesessen)
NOTE La construction française auxiliaire + participe passé donne un simple infinitif en allemand.
TRAD J'étais assis pendant une heure dans la salle d'attente avant que le médecin m'appelle enfin.

358 **Il est écrit dans le texte que...**
FAUX Es ist im Text geschrieben, dass...
CORR **Es steht im Text, dass...**
NOTE *écrire : schreiben,* mais *être écrit* + complément de lieu donne tout court *stehen (steht, stand, hat gestanden).*
TRAD Pouvez-vous lire ce qui est écrit sur l'affiche ?

359 **Ce soir, on danse.**
FAUX Heute Abend tanzt man.
CORR **Heute Abend wird getanzt.**
Es wird heute Abend getanzt.
NOTE Pour traduire le pronom français *on,* l'allemand préfère souvent la construction passive à celle avec *man.* Le sujet est alors le pronom impersonnel *es* qui disparaît quand il ne figure pas en première place.
TRAD Maintenant, on dort, les enfants.

360 **Il faut ajouter que...**
FAUX Es ist hinzufügen, dass...
Man muß hinfügen, dass...
CORR **Es ist hinzuzufügen, dass...**
Hinzuzufügen ist, dass...
Man muss hinzufügen, dass...
NOTE L'infinitif *hinzufügen* contient déjà *-zu-* qui fait partie de la particule verbale *hinzu-,* à laquelle peut s'ajouter un deuxième *zu* pour marquer un groupe infinitif.
TRAD Mlle Blum fait rarement des fautes. Il faut ajouter qu'elle est très appliquée.

361 **Il paraît qu'il est malade.**
FAUX Es scheint, dass er krank ist.
CORR **Es heißt / Man sagt, dass er krank ist.**
Er soll krank sein.
NOTE — *Es scheint, dass : Il semble que*
— *das heißt, dass : c'est-à-dire que.* Abréviation très courante : *d.h., dass*
— *es heißt, dass : il paraît que,* qui peut se traduire aussi par *sollen.* On rajoute parfois l'adverbe *angeblich* pour insister sur le ouï-dire.
TRAD 1 – Il paraît que la nouvelle autoroute passera à côté de cette forêt.
2 – Il semble que la crise soit enfin surmontée.
3 – Il n'a que dix-sept ans, c'est-à-dire qu'il est mineur.

362 **paraître difficile**
FAUX schwierig scheinen
CORR **schwierig erscheinen**
NOTE *scheinen* signifie également *paraître,* mais est en général, contrairement à *erscheinen,* accompagné d'une construction infinitive : *schwierig zu sein scheinen : sembler être difficile.* Noter la présence de *zu* et les temps : *scheint, schien, hat geschienen.* Ce verbe peut prendre le sens de *briller,* tout comme *erscheinen* signifie également *apparaître,* sens impliquant la transition d'un état à l'autre, d'où l'auxiliaire *sein* au parfait : *ist erschienen.* Le verbe *scheinen* ne s'emploie au parfait qu'au sens de *briller.*
TRAD Si vous modifiez un peu les conditions, le contrat me paraîtra acceptable.

363 **Sa remarque a l'air étrange.**
FAUX Seine Bemerkung sieht seltsam aus.
CORR **Seine Bemerkung erscheint seltsam.**
NOTE *avoir l'air* + adjectif : *aussehen* + adjectif ou *erscheinen* + adjectif, mais on évitera *aussehen* quand le sujet ne se prête pas à une visualisation (concrète ou mentale) ou pour écarter le sens *avoir physiquement l'air* + adjectif.
TRAD 1 – Il s'efforce d'avoir l'air intelligent en apprenant tout par cœur.
2 – Qu'est-ce qui t'arrive ? Tu as l'air très triste.

364 **proposer un café à quelqu'un**
FAUX jemandem einen Kaffee bieten
CORR **jemandem einen Kaffee anbieten** (bietet, bot an, hat angeboten)

NOTE *anbieten* est plus malléable que *bieten* qui se rencontre surtout avec les compléments *eine Chance / Möglichkeit / Gelegenheit, einen Vorteil, Geld.*

TRAD proposer un prix / de l'argent à quelqu'un, proposer une cigarette à quelqu'un.

365 **demander l'heure à quelqu'un**

FAUX jemanden um die Uhr bitten

CORR **jemanden nach der Uhrzeit fragen**

NOTE a – *demander quelque chose à quelqu'un : jemanden um etwas bitten* (bittet, bat, hat gebeten), sauf lorsque l'on demande un renseignement, comme par exemple l'heure, la route, le nom, la date : *nach der Uhrzeit, dem Weg, dem Namen, dem Datum fragen.*

b – Retenir les différentes traductions de *heure* :

— *die Stunde* pour indiquer la durée au sens de *l'heure, soixante minutes*

— *Uhr* pour indiquer un point précis dans le temps et quand c'est la préposition *um* + un chiffre ou *wieviel* qui précède : *um wie viel Uhr? – à quelle heure ?* ; *Um drei Uhr – à trois heures*

— *die Uhrzeit* ou *die Zeit* au sens de *l'heure (de la journée)* avec l'article défini ou un autre déterminant mais sans chiffre : *Vous pouvez venir à toute heure (de la journée) – Sie können zu jeder Uhrzeit / Zeit kommen*

— *die Uhr* au sens de *la montre, l'horloge, la pendule*

TRAD 1 – Quand on ne porte pas de montre, on doit souvent demander l'heure aux autres.

2 – Ce magasin est fermé de midi à deux heures, c'est-à-dire pendant deux heures.

366 **Cela demande / exige de la patience.**

FAUX Das fordert Geduld.

CORR **Das erfordert Geduld.**

NOTE Retenir :

— erfordern : demander, exiger (Le sujet est une chose)

— fordern (sans *umlaut*) : demander, exiger (Le sujet est une personne)

— fördern (avec *umlaut*) : encourager, promouvoir une chose

— befördern : 1 / transporter ; 2 / promouvoir une personne

— ermutigen : encourager une personne

TRAD 1 – Ce travail exige beaucoup d'habileté.

2 – Ils exigent une augmentation de salaire.

3 – Pour encourager la vente de ce produit, il faut faire de la publicité.

4 – Ça fait longtemps que je n'ai pas été promu.
5 – Comme il passe son examen demain, il faut l'encourager.

367 **Cela représente un problème.**
FAUX Das stellt ein Problem vor.
CORR **Das stellt ein Problem dar.**
NOTE — représenter (être, exprimer) : dar/stellen ; *mais* :
— (se) représenter (imaginer) : (sich [D]) vor/stellen
— représenter (agir au nom de) : vertreten, *d'où* der Vertreter : le représentant
— (se) présenter : (sich [A]) vor/stellen
TRAD 1 – Il se représentait l'enfer comme un feu éternel.
2 – Ce texte représente un extrait d'une pièce de théâtre.
3 – Le directeur s'est fait représenter par un de ses employés.
4 – En arrivant à la fête, n'oublie pas de te présenter à l'hôte.

368 **poser un problème**
FAUX ein Problem stellen
CORR **ein Problem bereiten** *(verbe faible)*
NOTE Cas isolé, car normalement *poser* donne *stellen, stellen* ou *legen.*
TRAD Cette découverte a posé de nouveaux problèmes.

369 **créer une entreprise**
FAUX ein Unternehmen schaffen
CORR **ein Unternehmen gründen**
NOTE *créer : schaffen* (schafft, schuf, geschaffen), sauf *créer* au sens de *fonder* : *gründen* (verbe faible). Le verbe *schaffen* est faible (schafft, schaffte, geschafft) aux sens de *réussir* et de *transporter.*
TRAD 1 – Il abandonna son emploi pour créer sa propre entreprise.
2 – Ce mois-ci, cinquante mille nouveaux emplois ont été créés.
3 – Ils ont tous réussi le baccalauréat.

370 **supprimer une loi**
FAUX ein Gesetz verabschieden
CORR **ein Gesetz abschaffen** (verbe faible)
NOTE *ein Gesetz verabschieden* (verbe faible) signifie *voter une loi.*
TRAD La loi fut supprimée juste après avoir été votée.

371 **être difficile à vivre**
FAUX schwer zu leben sein
CORR **schwer auszuhalten / zu ertragen sein**

NOTE Généralement, le verbe *leben* n'a pas de complément d'objet direct, alors que cette tournure en suppose un, d'où le remplacement de *leben* par les verbes transitifs *aushalten* ou *ertragen* : *supporter* qui intègrent bien le contexte.

TRAD Sa situation était si difficile à vivre qu'elle devint alcoolique.

372 **exercer un métier**

FAUX einen Beruf üben

CORR **einen Beruf ausüben**

NOTE *üben : (s')exercer* au sens de *s'entraîner.* Mais au sens de *pratiquer (un métier),* on dira *(einen Beruf) ausüben.* Retenir aussi *auf etwas (A) großen Einfluß ausüben : exercer une grande influence sur quelque chose* ainsi que *auf jemanden Druck ausüben : exercer de la pression sur quelqu'un.*

TRAD 1 – Il exerce le métier de boulanger.
2 – Pour y arriver plus vite, il faut que tu t'exerces.

373 **Il m'a suivi.**

FAUX Er hat mich gefolgt.

CORR **Er ist mir gefolgt.**

NOTE Le régime de *suivre quelqu'un* est différent de celui de *jemandem folgen* qui est accompagné du datif et qui, puisqu'il implique un déplacement, est accompagné de l'auxiliaire *sein* au parfait. À chaque fois que ces deux conditions sont réunies, on a l'auxiliaire *sein,* même en présence d'un pronom réfléchi : *Sie sind sich gefolgt/begegnet – Ils se sont suivis/rencontrés.* En revanche, les verbes transitifs, c'est-à-dire ceux qui sont accompagnés d'un complément d'objet direct, ont toujours l'auxiliaire *haben.*

TRAD Le chien a suivi son maître jusqu'au travail.

374 **rencontrer une difficulté / un problème**

FAUX eine Schwierigkeit / ein Problem treffen

CORR **auf eine Schwierigkeit / ein Problem treffen/stoßen**

NOTE *rencontrer quelqu'un : jemanden treffen* (trifft, traf, hat getroffen) ou bien, lorsque la rencontre se produit par hasard : *etwas/jemandem* (datif !) *begegnen* avec l'auxiliaire *sein* au parfait. Mais *rencontrer (des difficultés,* etc.*) : auf etwas (A) treffen* (trifft, traf, ist getroffen) ou bien *auf etwas (A) stoßen* (stößt, stieß, ist gestoßen), qui signifie littéralement *se heurter à quelque chose.*

TRAD Elle n'a jamais rencontré de difficultés linguistiques à l'étranger.

375 **Il a connu sa femme en Allemagne.**
FAUX Er hat seine Frau in Deutschland gekannt.
CORR **Er hat seine Frau in Deutschland kennen gelernt.**
NOTE *connaître : kennen* sauf au sens de *faire la connaissance de* : *kennen lernen,* qui est très fréquent au parfait. Donc : *Je la connaissais – Ich kannte sie,* mais *Je l'ai connue hier – Ich habe sie gestern kennen gelernt.*
TRAD L'été dernier, ils ne se connaissaient pas encore. En effet, ils ne se sont connus qu'en automne.

376 **connaître une langue**
FAUX eine Sprache kennen
CORR **eine Sprache können**
eine Sprache sprechen
NOTE *connaître : kennen* sauf dans *connaître une langue – eine Sprache können* ou bien *eine Sprache sprechen.* Cf. également l'exemple suivant : *connaître une crise.*
TRAD Combien de langues connaissez-vous ?

377 **connaître une crise, la pauvreté,** etc.
FAUX eine Krise/Armut kennen
CORR **eine Krise/Armut erleben**
NOTE *connaître : kennen* sauf au sens de *vivre, passer par* (la faim, l'humiliation, une crise, un sinistre, etc.) : *etwas erleben.*
TRAD Au début des années quatre-vingt-dix, le monde a connu une crise économique.

378 **connaître une ville**
FAUX eine Stadt kennen
CORR **schon einmal in einer Stadt gewesen sein**
NOTE *eine Stadt kennen* n'implique pas forcément que l'on y est déjà allé, mais simplement que l'on connaît le nom de la ville concernée, alors que le français *connaître une ville* implique le plus souvent qu'on a déjà visité cette ville. En revanche, *connaître bien une ville* donne *eine Stadt gut kennen* ou bien *sich (A) in einer Stadt (gut) auskennen.*
TRAD 1 – Connaissez-vous Berlin ?
2 – Connais-tu bien (la ville de) Bonn ?

379 **préparer un repas**
FAUX ein Essen vorbereiten
CORR **ein Essen zubereiten/machen**
NOTE Cas isolé. Généralement, *préparer* donne bien *vorbereiten.*
TRAD As-tu le temps de préparer le déjeuner ou veux-tu que je le fasse ?

380 **apprendre une nouvelle**
FAUX eine Neuigkeit lernen
CORR **eine Neuigkeit erfahren**
NOTE Retenir :

— *apprendre quelque chose* (au sens de *être avisé/informé*) : *etwas erfahren* (erfährt, erfuhr, hat erfahren)
— *apprendre quelque chose à quelqu'un* (au sens de *informer*) : *jemandem (D) etwas (A) mitteilen*
— *apprendre (à faire) quelque chose* (au sens de *étudier*) : *etwas (zu tun) lernen*
— *apprendre à quelqu'un (à faire) quelque chose* (au sens de *enseigner*) : *jemanden (A) etwas (A) lehren* (double accusatif !) ou avec un infinitif sans *zu* quand le complément est très court : *Er hat mich lesen gelehrt.* Mais on dira bien plus couramment de nos jours : *jemandem (D) etwas (A) beibringen.* La construction infinitive est possible avec *beibringen* :

Er hat mir beigebracht, schnell zu lesen.

Mais elle est souvent remplacée soit par un verbe substantivé :

Er hat mir schnelles Lesen beigebracht,

soit par une proposition subordonnée introduite par un pronom interrogatif tel que *wie* :

Er hat mir beigebracht, wie man schnell liest.

Tous ces verbes peuvent être suivis d'une dépendante introduite par *dass.*

TRAD 1 – J'ai appris qu'il y aura bientôt une augmentation de salaire.
2 – Son avocat lui a appris par téléphone que le procès était gagné.
3 – Leur professeur leur a appris à écrire très lisiblement.
4 – Notre enfant vient d'apprendre à distinguer les couleurs.

381 **regarder un film**
FAUX einen Film fern/sehen
CORR **sich (datif) einen Film an/sehen** ou **an/schauen**
NOTE Le verbe *fernsehen* : *regarder la télévision* est intransitif et ne peut donc être accompagné d'un complément d'objet direct.

TRAD 1 – As-tu regardé hier soir le film allemand sur la première chaîne ?
2 – Je n'ai pas envie de regarder la télévision.

382 **Il a changé.**

FAUX Er hat geändert.

CORR **Er hat sich geändert.**

NOTE *changer, transformer : (ver)ändern,* mais *changer, se transformer* : *sich (ver)ändern.* Retenir aussi : *changer de quelque chose* : *etwas wechseln* (sauf : *changer d'avis* : *seine Meinung ändern*) et *changer de l'argent* : *Geld wechseln,* ainsi que *se changer* (au sens de *changer de vêtements*) : *sich um/ziehen* (zieht sich um, zog sich um, hat sich umgezogen).

TRAD 1 – Comme les temps ont changé !
2 – Cet élève a souvent changé d'école.
3 – Quand elle rentre, elle se change tout de suite.
4 – Tu ne peux pas constamment changer d'avis !

383 **Ces gens manquent de culture.**

FAUX Diese Leute fehlen/mangeln an Bildung.

CORR **Es fehlt/mangelt diesen Leuten an Bildung.**

NOTE Lorsque le français *manquer* est accompagné de la préposition *de (Il manque d'amis)* ou qu'il figure dans une construction impersonnelle *(Il lui manque des amis),* on a obligatoirement une construction impersonnelle avec *fehlen* ou *mangeln,* le sujet étant *es* et la préposition *an + D* : *Es fehlt/mangelt ihm an Freunden, Geld, Liebe, Talent.* Au sens affectif où la construction impersonnelle est impossible en français *(Tu me manques), fehlen* se construit comme *manquer* : *Du fehlst mir.* Le verbe *mangeln* n'est pas employé dans ce sens. À part cela, retenir *manquer quelque chose* au sens de *rater quelque chose* : *etwas verpassen.*

TRAD 1 – Tu manques parfois de bon sens.
2 – Ce n'est pas l'argent, mais le temps libre qui leur manque.
3 – Mes livres m'ont beaucoup manqué pendant les vacances.
4 – Ne manquez pas cette occasion !

384 **Elle s'est endormie.**

FAUX Sie hat sich eingeschlafen.

CORR **Sie ist eingeschlafen.**

NOTE *einschlafen : s'endormir* implique le passage d'un état à l'autre qui entraîne l'auxiliaire *sein* au parfait. Ce n'est pas le cas de *schlafen* : *dormir*.

TRAD Hier, Bruno s'est encore endormi en lisant le journal.

385 **Ce train permet de voyager vite.**

FAUX Dieser Zug erlaubt, schnell zu reisen.

CORR **Dieser Zug ermöglicht es, schnell zu reisen.**

NOTE — *permettre, autoriser : jemandem etwas erlauben*

— *permettre, rendre possible : jemandem etwas ermöglichen* ou bien, moins idiomatiquement : *jemandem etwas erlauben*

Ces verbes sont avantageusement accompagnés de *es* pour annoncer une dépendante infinitive ou conjonctive.

TRAD 1 – Qu'est-ce qui permet à l'homme de réfléchir à lui-même ?

2 – Elle s'est permis d'aller les voir sans prévenir.

386 **Je voudrais me promener.**

FAUX Ich möchte spazieren.

CORR **Ich möchte spazieren gehen.**

NOTE *spazieren* sans *gehen* est devenu extrêmement rare et presque incorrect.

TRAD Ils allaient se promener tous les dimanches en forêt.

387 **mentir à quelqu'un**

FAUX jemandem lügen

CORR **jemanden anlügen/belügen** (lügt, log, hat gelogen)

NOTE *mentir : lügen,* mais *mentir à quelqu'un : jemanden anlügen / jemanden belügen,* verbes accompagnés de l'accusatif.

TRAD L'enfant s'était habitué à mentir à ses parents.

388 **considérer que**

FAUX betrachten, dass

CORR **meinen/denken/der Meinung sein, dass**

NOTE Mais *considérer comme* : *betrachten als.*

TRAD Notre patron considère que nos salaires sont trop élevés.

389 **Il a disparu.**

FAUX Er hat verschwunden.

CORR **Er ist verschwunden.**

NOTE Verbe qui implique un passage d'un état à l'autre et qui a donc l'auxiliaire *sein* au parfait. Pour les verbes qui ont le même comportement, voir le n° 430.

TRAD Tout à coup, le chat avait disparu derrière la maison.

390 **Une mouche entra dans la pièce (en volant).**

FAUX Eine Fliege trat in das Zimmer ein.

CORR **Eine Fliege flog in das Zimmer.**

NOTE Pour traduire la construction *quitter, entrer, traverser,* etc. + gérondif (qui exprime la manière du mouvement), l'allemand préfère conjuguer le verbe qui exprime cette manière du mouvement, suivi d'une préposition. Souvent, la manière n'est pas exprimée en français, elle est évidente.

TRAD 1 – Il traversa le Rhin en nageant.
2 – Le cambrioleur quitta la banque en courant.
3 – L'araignée a quitté sa toile.

391 **L'économie ne va pas bien.**

FAUX Die Ökonomie geht nicht gut.

CORR **Die Wirtschaft läuft nicht gut.**

NOTE a – aller au sens de *fonctionner* : *laufen.* L'expression *Das geht nicht gut* signifie *Cela va mal tourner.*
b – *die Ökonomie* est un terme scientifique rare. Dire : *die Wirtschaft.*

TRAD L'entreprise nouvellement fondée marche déjà très bien.

392 **Il gagne deux mille euros.**

FAUX Er gewinnt zwei tausend Euro.

CORR **Er verdient zweitausend Euro.**

NOTE a – *gagner : gewinnen* sauf quand il s'agit d'un salaire : *verdienen.*
b – les nombres s'écrivent en un seul mot, quelle que soit leur longueur.

TRAD 1 – Ce couple marié gagne ensemble dans les six mille euros.
2 – Ils ont gagné dix mille euros au loto.

393 **La voiture a tourné à gauche.**

FAUX Das Auto hat links gedreht.

CORR **Das Auto ist links abgebogen.**

NOTE *tourner* : *drehen,* qui signifie aussi *faire demi-tour* : *Das Auto hat gedreht* : *La voiture a fait demi-tour.* Mais *tourner (à droite, à gauche)* : *(rechts, links) abbiegen.*

TRAD Est-ce que je dois tourner à droite ou bien aller tout droit ?

394 **Il dépend de toi.**

FAUX Er kommt auf dich an.

CORR **Er ist von dir abhängig.**

NOTE Le sujet de *ankommen auf + A* : *dépendre de* est pratiquement toujours *das* ou *es* : *Cela dépend : Das kommt darauf an.* Quand *das* ou *es* ne sont pas les sujets, on utilise le plus souvent *ab/hängen von* ou *abhängig sein von* : *dépendre de.*

TRAD 1 – Bien qu'il ait fait des études, Uwe dépend toujours de ses parents.

2 – Est-ce que je vais bien réussir ? – Cela ne dépend que de ta volonté.

395 **Elle s'est lavé les dents.**

FAUX Sie ist sich die Zähne gewaschen.

CORR **Sie hat sich die Zähne geputzt.**

NOTE a – Les verbes pronominaux français ont l'auxiliaire *être* au passé composé : *Il a dit. Il s'est dit.* Les verbes allemands, qu'ils soient pronominaux ou non, ont toujours le même auxiliaire au parfait :

— Er hat gesagt. Er hat sich etwas gesagt.
— Sie haben einander gesehen. Sie haben sich gesehen.
— Er ist ihnen begegnet. Sie sind sich begegnet.
— Sie sind ihnen gefolgt. Sie sind sich gefolgt.

En revanche, les verbes transitifs, c'est-à-dire ceux accompagnés d'un complément d'objet direct, ont toujours l'auxiliaire *haben.*

b – Le verbe *waschen* implique l'utilisation d'une quantité non négligeable d'eau. Dans les autres contextes, on emploie des verbes comme

— sauber machen, säubern, reinigen : nettoyer ;
— putzen : — se brosser les dents : sich (D) die Zähne putzen ;
  — cirer les chaussures : die Schuhe putzen ;
  — faire le ménage de (la maison) : das Haus putzen, einen Hausputz machen ;
  — nettoyer les fenêtres : die Fenster putzen.

TRAD 1 – Elle s'est acheté des nouveaux chiffons pour laver les fenêtres.
2 – Après s'être brossé les dents, ils se sont couchés.

396 **se garer**
FAUX sich parken
CORR **parken**
NOTE Verbe sans pronom réfléchi.
TRAD Il est interdit de se garer ici pendant plus d'une heure.

397 **descendre à un hôtel**
FAUX in ein Hotel absteigen
CORR **in einem Hotel absteigen**
NOTE Malgré le déplacement inhérent à l'action de *absteigen* : *descendre,* on a un locatif/datif dans cette tournure ainsi qu'avec les verbes *ankommen : arriver* ; *eintreffen : arriver* ; *sich verstecken : se cacher* ; *sich niederlassen : s'installer, s'implanter* ; *landen : atterrir* ; *verschwinden : disparaître.*
TRAD Dans quel hôtel de Hanovre êtes-vous descendus ?

398 **Je vous en remercie.**
FAUX Ich danke Sie dafür.
CORR **Ich danke Ihnen dafür.**
Ich bedanke mich bei Ihnen dafür.
NOTE *remercier quelqu'un* ne suit pas le même régime que *jemandem danken* qui est accompagné du datif. Retenir aussi la construction pronominale dans *sich (A) bei jemandem für etwas bedanken.*
TRAD Nous voudrions te remercier cordialement pour ton cadeau.

399 **divorcer**
FAUX scheiden
CORR **sich scheiden lassen**
NOTE Retenir cette construction bien éloignée du français. Mais *être divorcé* : *geschieden sein. Le divorce : die Scheidung.*
TRAD Vous n'avez quand même pas besoin de divorcer à cause de cette petite dispute.

400 **Ça arrive !**
FAUX Das kommt an!
CORR **Das kommt vor!**
NOTE *arriver : ankommen,* mais *Cela arrive* (au sens de *Cela se produit parfois*) : *Das kommt vor* ainsi que *Il arrive que...* (au sens de *Cela*

se produit parfois) : *Es kommt vor, dass...* Ces tournures n'admettent pas de complément au datif : *Il m'arrive de le faire : Es kommt vor, dass ich das tue.* Accompagné d'un nom ou pronom personnel et d'un adjectif, *vorkommen* signifie *paraître* : *Das kommt mir seltsam vor : Cela me paraît étrange.*

TRAD Tout le monde fait de temps en temps des fautes. Ça arrive !

401 **Il est pressé.**

FAUX Er ist eilig.

CORR **Er hat es eilig.**

NOTE Retenir la tournure *es eilig haben.* Le pronom *es* est obligatoire.

TRAD Les citadins sont souvent très pressés.

402 **avoir assez de quelque chose, être las de quelque chose**

FAUX etwas leid haben

CORR **etwas leid sein**
etwas satt haben

NOTE Moyen mnémotechnique pour ne pas mélanger *haben* et *sein* : *leid* et *sein* contiennent *-ei-,* alors que *satt* et *haben* contiennent un *a.*

TRAD J'en ai vraiment assez que tu ne me prennes pas au sérieux.

403 **La crise s'est développée.**

FAUX Die Krise hat sich entwickelt.

CORR **Die Krise hat sich ausgeweitet/weiterentwickelt.**

NOTE *se développer* ne donne pas toujours *sich entwickeln,* notamment quand le sens de l'évolution n'est pas indiqué. Pour éviter un malentendu, on utilise les verbes plus souples *sich weiter/entwickeln* : *se développer (dans le même sens qu'avant)* et *sich aus/weiten* : *s'étendre* ou *fort/schreiten* : *progresser* ou bien, selon le contexte, n'importe quel autre verbe explicite.

TRAD 1 – Le marché des ordinateurs se développe de plus en plus.
2 – Heureusement, son cancer ne s'est pas beaucoup développé.

404 **Il faut que les gens consomment.**

FAUX Die Leute müssen verbrauchen.

CORR **Die Leute müssen konsumieren.**

NOTE Le verbe *verbrauchen* : *consommer* est transitif et doit donc être accompagné d'un complément d'objet direct, ce qui n'est pas le cas de *konsumieren* (transitif ou intransitif). Dans un contexte commercial, ce verbe et le nom *der Konsum* : *la consommation* sont bien plus courants que *verbrauchen* et *der Verbrauch* quand le sujet est une personne et l'objet des biens de consommation aux sens concret ou figuré. En revanche, *der Verbraucher* : *le consommateur* est plus courant que *der Konsument, en, en.*

TRAD 1 – Peut-on consommer l'art ?
2 – Le ministre de l'Économie prend des mesures pour augmenter la consommation.
3 – Cette voiture consomme six litres au cent.

405 **retrouver** (ses forces, etc.)
FAUX wiederfinden
CORR **wieder/erlangen** (verbe faible)
NOTE *wiederfinden* s'emploie au sens concret, mais non au sens figuré de *récupérer*. Distinguer également :
— retrouver une personne disparue : wiederfinden
— retrouver, revoir, rencontrer à nouveau : wiedertreffen

TRAD 1 – Avec la réunification, l'Allemagne a retrouvé sa souveraineté.
2 – Je n'ai pas retrouvé mes clefs.

406 **se marier** (l'un l'autre)
FAUX sich verheiraten (= *vieilli*)
CORR **heiraten**
NOTE Dans tous ses emplois, *sich verheiraten* est le plus souvent remplacé par *heiraten* (avec ou sans complément d'objet, mais toujours sans pronom réfléchi). *Épouser quelqu'un / se marier avec quelqu'un* donne également *jemanden heiraten.* Mais *être marié* : *verheiratet sein.*

TRAD 1 – Les deux se sont mariés l'été dernier.
2 – Il s'est marié avec sa voisine.
3 – Pourquoi n'es-tu toujours pas marié ?

407 **employer quelqu'un**
FAUX jemanden einstellen
CORR **jemanden beschäftigen**
NOTE *jemanden einstellen : embaucher quelqu'un.* Attention à la nuance dans certains contextes.

TRAD 1 – Depuis quand employez-vous M. Klein ?
2 – Nous l'avons embauché l'année dernière.

408 **ouvrir une entreprise**
FAUX ein Unternehmen öffnen
CORR **ein Unternehmen eröffnen** (au sens de *ouvrir, fonder*)

NOTE *ouvrir : öffnen* sauf au sens de *ouvrir, fonder, inaugurer : eröffnen.*
TRAD 1 – L'exposition fut ouverte avec un peu de retard.
2 – Qui a ouvert les fenêtres ?

409 Il s'assied au troisième rang.
FAUX Er setzt sich in die dritte Reihe hin.
CORR **Er setzt sich in der dritten Reihe hin.**
Er setzt sich in die dritte Reihe.
NOTE *sich setzen* + complément de lieu à l'accusatif, mais *sich hinsetzen* + complément de lieu au datif.
TRAD Est-ce que nous allons nous asseoir plus vers l'avant ?

410 Pour se détendre, il va à la pêche.
FAUX Um sich zu entspannen, geht er fischen.
CORR **Um sich zu entspannen, geht er angeln.**
NOTE *pêcher* (pour gagner sa vie) : *fischen,* mais *pêcher* (à la ligne, en tant que loisir) : *angeln.*
TRAD Il était assis au bord du ruisseau et pêchait des poissons pour le dîner.

411 C'est bon. (un plat)
FAUX Das ist gut.
CORR **Das schmeckt (mir) (gut).**
NOTE *être bon : gut sein,* sauf en parlant d'un plat : *(gut) schmecken* qui se construit comme *gefallen : plaire,* un complément au datif est donc possible.
TRAD C'était bon ?

412 espionner quelqu'un
FAUX jemanden spionnieren
CORR **jemanden ausspionieren**
NOTE *espionner : spionieren,* sauf avec un complément d'objet direct : *jemanden ausspionieren.* Ces verbes ont un seul *n,* tout comme *der Spion : l'espion.*
TRAD Le candidat a tenté d'espionner son concurrent.

413 J'ai grandi à la campagne.
FAUX Ich bin auf dem Land gewachsen.
CORR **Ich bin auf dem Land aufgewachsen.**
NOTE *grandir : wachsen* (wächst, wuchs, ist gewachsen), sauf au sens de *être élevé : aufwachsen* (wächst auf, wuchs auf, ist aufgewachsen).

TRAD 1 – Jens est né en Bavière, mais il a grandi à Francfort.
2 – Tu as encore grandi de deux centimètres.

414 **laisser quelqu'un/quelque chose** (au sens de laisser derrière soi)
FAUX jemanden/etwas lassen
CORR **jemanden/etwas zurücklassen**
NOTE *lassen* pour traduire *laisser derrière soi* a besoin d'un complément de lieu : *Ich habe den Regenschirm zu Hause gelassen.* À défaut, on ajoute la particule verbale *zurück* ou l'adverbe *da* (sens spatial). La formule *Je te/vous laisse* au sens banal de *Je m'en vais* se traduit tout court par *Ich gehe jetzt* ou, dans une lettre, par *Ich verabschiede mich* : *Je te/vous dis au-revoir.*
TRAD 1 – Comme il ne pouvait pas tout porter, il a laissé son parapluie.
2 – Je suis déjà en retard. Je dois vous laisser.

415 **Je réfléchis à ma situation.**
FAUX Ich überlege mir meine Lage.
CORR **Ich denke über meine Lage nach.**
NOTE *sich (D) etwas (A) überlegen : réfléchir à* (une solution, un projet, une décision, opinion) est bien moins malléable que *nach/denken über + A* : *réfléchir à, méditer quelque chose.*
TRAD 1 – Ne réfléchis pas constamment à ton échec d'hier, mais réfléchis à une meilleure méthode.
2 – Il faut que je réfléchisse pour trouver une autre solution.

416 **J'accepte que...**
FAUX Ich nehme an, dass... (= Je suppose que...)
CORR **Ich akzeptiere, dass...**
NOTE *accepter quelque chose : etwas annehmen/akzeptieren,* mais *accepter que* : *akzeptieren, dass,* car *annehmen, dass* signifie *supposer que.* Dans le sens de *tolérer, accepter* peut se traduire aussi par *etwas hin/nehmen* ou par *billigen : approuver.*
TRAD Les habitants de ce village n'acceptent pas que leur école soit fermée.

417 les temps du verbe **zeigen : montrer**
FAUX zeigen, zog, gezogen
CORR **zeigen, zeigte, gezeigt** (verbe faible)
NOTE Mais *tirer* : *ziehen, zog, gezogen*
TRAD Le tableau montrait des chevaux qui tiraient un traîneau.

418 **Cela nous a amenés à croire...**

FAUX Das hat uns veranlassen zu glauben...

CORR **Das hat uns veranlasst zu glauben...**

NOTE Certains verbes forts précédés de deux particules verbales deviennent faibles :

— avoir pitié de quelqu'un : jemanden bemitleiden, bemitleidet, bemitleidete, hat bemitleidet (*à la différence de* leiden, leidet, litt, gelitten)

— charger quelqu'un de : jemanden beauftragen mit, beauftragt, beauftragte, hat beauftragt (*à la différence de* tragen, trägt, trug, getragen)

— contenir quelque chose : etwas beinhalten, beinhaltet, beinhaltete, hat beinhaltet (*à la différence de* halten, hält, hielt, gehalten)

TRAD L'infirmière avait pitié du malade.

419 **maîtriser une langue**

FAUX eine Sprache meistern

CORR **eine Sprache beherrschen**

NOTE *meistern : maîtriser, surmonter, résoudre* (un problème), mais *beherrschen* : *maîtriser, être maître de, contrôler* (une situation, une langue).

TRAD 1 – Les Luxembourgeois maîtrisent souvent l'allemand et le français.

2 – Je me demande comment maîtriser cette tâche.

420 **Il a cassé le vase.**

FAUX Er hat den Vase gebrochen.

CORR **Er hat die Vase zerbrochen.**

NOTE a – Noter le genre féminin.

b – *brechen* signifie *casser en deux,* et *zerbrechen* : *casser* (en plusieurs morceaux), *abîmer.* Dans ce dernier cas, et en général quand on ne peut pas parler de « morceaux » cassés *(casser une machine,* etc.*),* le verbe *kaputt/machen,* bien qu'un peu familier, est le plus courant : *Wer hat den Fotoapparat kaputtgemacht?* Retenir aussi *se casser* : *kaputtgehen* et *être cassé* : *kaputt sein.* Le verbe *zerstören* : *détruire* connote la désintégration totale et s'emploie souvent au sens figuré : *Seine Pläne sind zerstört worden.*

TRAD 1 – Le vase que j'avais offert à ma collègue était cassé au bout de deux jours.

2 – Que vais-je faire si mon ordinateur se casse ?

3 – Qui a cassé les carreaux de la fenêtre ?

421 **satisfaire les clients**

AUX die Kunden befriedigen

ORR **die Kunden zufrieden stellen**

OTE *satisfaire quelque chose* (les attentes, les besoins, la demande) : *etwas* (die Erwartungen, den Bedarf, die Nachfrage) *befriedigen,* mais *satisfaire quelqu'un* : *jemanden zufrieden stellen,* car *jemanden befriedigen* peut prendre une connotation sexuelle.

RAD 1 – Jusqu'ici, ce nouvel employé nous a satisfaits entièrement.
2 – Les fournisseurs n'arrivent pas à satisfaire la demande.

422 **La France appartient à l'Union Européenne.**

AUX Frankreich gehört der Europäischen Union.

ORR **Frankreich gehört der Europäischen Union an.**

OTE *appartenir à* possède plusieurs acceptions :
— (être à) : *gehören* + datif
— (faire partie de) : *gehören zu* + datif
— (quand on peut dire *être membre de*) : *etwas* (datif) *an/gehören*

RAD 1 – La Corse appartient à la France.
2 – Est-ce que la France appartient à l'OTAN ?
3 – Ce cahier m'appartient.

423 **se composer de**

AUX sich bestehen aus

ORR **bestehen aus**

OTE Verbe sans pronom réfléchi en allemand.

RAD De quoi se compose la délicieuse sauce que tu as faite ?

424 **brûler quelque chose**

AUX etwas brennen

ORR **etwas verbrennen**

OTE *brûler* (intransitif, c'est-à-dire sans complément d'objet direct) : *(ver)brennen* (brennen, brennt, brannte, hat gebrannt), seul le verbe *verbrennen* prend l'auxiliaire *sein* au parfait : *Das Haus ist verbrannt.* Mais *brûler quelque chose* (transitif) : *etwas verbrennen* avec l'auxiliaire *haben* au parfait. Au niveau du sens, la particule *ver-* implique que quelque chose brûle entièrement, sauf avec un pronom réfléchi : *se brûler (une partie du corps) : sich (einen Körperteil) verbrennen.*

RAD 1 – Elle s'est brûlé la main.
2 – Cette forêt a brûlé pendant une semaine.

425 **se réveiller**
FAUX sich aufwecken
CORR **aufwachen / wach werden**
NOTE *réveiller quelqu'un : jemanden (auf)wecken* (verbe faible) ou bien le verbe un peu plus familier *jemanden wach machen,* mais *se réveiller* donne également des verbes sans pronom réfléchi : *aufwachen* ou *wach werden.* Comme il y a une transition d'un état à l'autre, l'auxiliaire est *sein* au parfait.
TRAD 1 – Je me suis réveillé deux fois cette nuit.
2 – S'il te plaît, ne me réveille pas avant sept heures.

426 **Ses paroles me touchent.**
FAUX Seine Worte betreffen mich.
(signifie : Ses mots me concernent.)
CORR **Seine Worte rühren mich / machen mich betroffen.**
NOTE — toucher (à) (entrer en contact physique avec) : berühren
— toucher (joindre quelqu'un) : erreichen
— toucher de l'argent : Geld erhalten
— toucher un salaire : einen Lohn beziehen
— toucher (concerner) : betreffen
— toucher (émouvoir quelqu'un) : jemanden (be)rühren ou : jemanden betroffen machen
TRAD 1 – Le discours du président a touché toutes les personnes présentes.
2 – Il a touché mille dollars pour son travail.
3 – J'ai essayé au moins trois fois de toucher le directeur, mais il n'est jamais là.
4 – Le pays entier est touché par le chômage.
5 – Je vous interdis de me toucher.
6 – Le salaire qu'il touche ne suffit pas à joindre les deux bouts.

427 **Si tu venais, cela nous ferait plaisir.**
FAUX Wenn du kämest, würde uns das Spaß machen.
(sous-entendu : Cela nous divertirait.)
CORR **Wenn du kämest, würde uns das Freude machen/bereiten.**
NOTE *Spaß machen : faire plaisir* (et divertir), mais *Freude machen/bereiten : faire plaisir* (en provoquant de la joie).
TRAD 1 – Votre cadeau nous a fait très plaisir.
2 – Cela fait plaisir de faire du sport à la plage.

428 **Ce client ne nous a rien acheté ce mois.**
AUX Dieser Kunde hat uns diesen Monat nichts gekauft.
ORR **Dieser Kunde hat uns diesen Monat nichts <u>ab</u>gekauft.**
Dieser Kunde hat diesen Monat nichts <u>von uns</u> gekauft.
OTE *acheter quelque chose à quelqu'un* (pour quelqu'un) : *jemandem etwas kaufen,* mais *acheter quelque chose à quelqu'un* (sous-entendu : de la part de quelqu'un) : *jemandem etwas <u>abkaufen</u>* ou bien : *von jemandem etwas kaufen*
RAD 1 – J'ai besoin d'argent. Est-ce que tu m'achètes ma collection de timbres ?
2 – Maman, est-ce que tu m'achètes un bonbon ?

429 **Cette mode vient de naître/mourir.**
AUX Diese Mode ist gerade geboren/gestorben.
ORR **Diese Mode ist gerade entstanden/untergegangen.**
OTE *être né : geboren sein* et *mourir* : *sterben* sauf au sens figuré où ces métaphores sont très rares en allemand. On préfère *naître* : *entstehen* (entsteht, entstand, ist entstanden) et *mourir* : *unter/gehen* (geht unter, ging unter, ist untergegangen).
RAD Est-ce que le cinéma européen va mourir ?

430 **Le bateau a coulé.**
AUX Das Schiff hat geflossen.
ORR **Das Schiff ist gesunken.**
OTE a – *couler, sombrer, se noyer : sinken* (sinkt, sank, ist gesunken). Mais *couler, flotter* : *fließen* (fließt, floss, ist geflossen).
b – Les verbes intransitifs impliquant non seulement un mouvement *(Il a tremblé : Er hat gezittert),* mais, en plus du mouvement, un déplacement ou une transition d'un état à l'autre ont l'auxiliaire *sein* au parfait, alors que l'on a le plus souvent *avoir* en français :

— Il a disparu : Er ist verschwunden.
— Il a couru : Er ist gelaufen.
— Il a baissé/coulé : Er ist gesunken.
— Il a grandi : Er ist gewachsen.
— Il a cédé : Er ist gewichen.
— Il a fui : Er ist geflohen.
— Il a pénétré : Er ist eingedrungen.
— Il a nagé/flotté : Er ist geschwommen.
— Il a monté : Er ist gestiegen.

— Il a volé/pris l'avion : Er is geflogen.
— Il a sauté : Er ist gesprungen.
— Il a réussi : Es ist ihm gelungen.
— Il a marché : Er ist gegangen/getreten.

TRAD En quelle année le *Titanic* a-t-il coulé ?

431 **Je vous réponds.**

FAUX Ich antworte auf Sie.

CORR **Ich antworte Ihnen.**

NOTE *répondre à une chose : auf etwas (A) antworten* ou : *etwas beantworten* (sans préposition). Mais *répondre à quelqu'un : jemandem antworten.*

TRAD 1 – Elle lui a envoyé une lettre d'amour, mais lui n'y a pas répondu.
2 – Répondez-moi !

432 **Cet article traite d'un problème intéressant.**

FAUX Dieser Artikel handelt es sich um ein interessantes Problem.

CORR **Dieser Artikel handelt von einem interessanten Problem.**
In diesem Artikel geht es um ein interessantes Problem.
(In diesem Artikel handelt es sich um ein interessantes Problem.)

NOTE Retenir que *sich handeln um* et *s'agir de* se construisent de la même façon. Comme on ne peut pas dire *Ce texte s'agit de...,* on ne peut pas non plus dire *Dieser Text handelt sich um...,* les pronoms impersonnels *il* et *es* étant obligatoires : *Il s'agit de... : Es handelt sich um...* En revanche, en parlant d'un texte, on emploiera plus couramment la tournure impersonnelle *es geht um* (sans pronom réfléchi). Noter aussi que, en employant le français *traiter de,* on aboutit à *handeln von.*

EXEMPLE : *Ce texte traite de... : Dieser Text handelt von...*

TRAD 1 – De quoi traite ce livre ?
2 – De quoi s'agit-il dans ce livre ?

11. Conjonctions

433 **Son mari est étranger et ils sont mariés depuis un an.**
FAUX Ihr Mann ist Ausländer und sind sie seit einem Jahr verheiratet.
CORR **Ihr Mann ist Ausländer(,) und sie sind seit einem Jahr verheiratet.**
NOTE *und, oder, aber, sondern, denn* sont des conjonctions de coordination, c'est-à-dire qu'ils occupent la place zéro et le verbe la deuxième place, tout comme dans une indépendante. Le verbe n'est donc pas à la fin et ne se met pas non plus directement après ces conjonctions (à moins que le sujet ne tombe parce que l'on a le même sujet dans l'indépendante : *Er kommt früh und (er) geht spät wieder weg*).
TRAD Nous devons partir ou bien nous aurons des ennuis.

434 **tant que**
FAUX solange dass
CORR **solange**
NOTE Dire tout court *solange* sans *dass.*
TRAD Vous serez en sécurité tant que vous garderez votre calme.

435 **Je me demande si**
FAUX Ich frage mir, wenn
CORR **Ich frage mich, ob**
NOTE a – En général, un complément d'objet direct français donne l'accusatif en allemand, et un complément d'objet indirect le datif. Avec une trentaine de verbes allemands, c'est l'inverse. Les verbes les plus fréquents sont *begegnen* (rencontrer par hasard), *danken, folgen, glauben, helfen, bitten, fragen, sprechen.* Le verbe *glauben* est accompagné de l'accusatif quand le complément désigne une chose. Exemple : *Ich glaube die*

Geschichte nicht. On peut ajouter un complément désignant une personne et qui sera alors au datif : *Ich glaube dir die Geschichte nicht.*

b – La conjonction française *si* donne *ob* dans les questions indirectes, surtout dans *die Frage ob, fragen ob, zweifeln ob* (douter que), *wissen ob.*

TRAD Elle a rencontré son patron dans la rue, mais elle ne sait pas s'il l'a vue.

436 Lorsqu'il fait froid et qu'il neige...

FAUX Wenn es kalt ist und dass es schneit...

CORR **Wenn es kalt ist und (wenn) es schneit...**

NOTE Quand la conjonction française *que* remplace une autre conjonction, on ne la traduira pas par *dass,* mais par la conjonction allemande correspondant à celle remplacée par *que.* Quand le sujet est le même dans les deux propositions, la conjonction peut tomber.

TRAD Comme il est tôt et que vous voulez dormir encore, vous prendrez le petit déjeuner plus tard.

437 On est en 1933 lorsque Hitler prend le pouvoir.

FAUX Man ist in 1933, wenn Hitler die Macht ergreift.

CORR **Wir haben/schreiben das Jahr 1933, als Hitler die Macht ergreift.**

NOTE a – Le français *On est / nous sommes* + complément de temps donne, en général, *Wir haben* + complément de temps : *Wir haben Mittwoch.* Noter aussi la tournure *Wir schreiben das Jahr...* : *On est en + année.*

b – La conjonction *als* pour traduire *lorsque* est toujours accompagnée d'un verbe au passé, sauf quand on a affaire à un présent historique qui exprime au présent un fait non répétitif du passé. Quand le fait concerné est répétitif, on utilise toujours la conjonction *wenn,* quel que soit le temps.

TRAD On est en 1989 lorsque tombe le Mur de Berlin.

438 J'ignore quand il viendra.

FAUX Ich weiß nicht, wenn er kommt.

CORR **Ich weiß nicht, wann er kommt.**

NOTE Dans les questions directes et indirectes, le pronom français *quand* donne l'allemand *wann.* Autrement dit, dans les cas où l'on ne peut remplacer *quand* par *lorsque* en français, on a *wann* en allemand.

TRAD 1 – En montant dans le train, Klaus se demandait quand il arriverait.
2 – Appelle-moi quand tu seras arrivé à la gare.

439 **Même si on te croyait...**
FAUX Wenn auch man dich glaubte...
CORR **Wenn man dir auch glaubte / glauben würde...**
Auch wenn man dir glaubte / glauben würde...
Selbst wenn man dir glaubte...
Sogar wenn man dir glauben würde...
NOTE a – Il y a donc quatre traductions de *même si* : *sogar wenn / selbst wenn / auch wenn / wenn... auch.* En choisissant la dernière possibilité, noter que *auch* ne se place pas, si possible, directement après *wenn.* En traduisant *wenn auch* en français, on n'obtient donc pas en général *si... aussi,* sauf dans certains contextes : *Wenn er auch kommt* peut signifier à la fois *Même s'il vient* et *S'il vient lui aussi.*
b – *jemandem (D) glauben* ne suit pas le même régime que le français *croire quelqu'un.* Cf. l'item 435 « Je me demande si... ».
TRAD Même si je ne lui fais pas toujours confiance, je le crois cette fois-ci.

440 **avant même que**
FAUX bevor selbst / selbst bevor
CORR **noch bevor**
NOTE Voilà un autre cas isolé où *même* ne donne pas *selbst* ou *sogar.*
TRAD Regina a réussi le bac(calauréat) avant même d'avoir dix-huit ans.

441 **C'est trop loin pour que je puisse y aller à pied.**
FAUX Das ist zu weit, damit ich zu Fuß hingehen kann.
CORR **Das ist zu weit, als dass ich zu Fuß hingehen kann.**
NOTE *pour que* donne en général *damit,* mais quand *pour que* n'exprime pas la finalité et qu'on ne peut donc le remplacer par *afin que,* on a *als dass* en allemand, précédé de tournures contenant *zu* ou *genug.* En français : *trop/assez... pour que.*
TRAD 1 – Un euro n'est pas assez pour que je puisse m'acheter un seul livre.
2 – Je te le dis pour que tu sois au courant.

442 **maintenant que**
FAUX nun, dass
CORR **nun, da** ou bien : **jetzt, wo**
NOTE Cas isolé. Syntagmes à retenir tels quels.
TRAD Maintenant que les invités sont arrivés, le maire peut prononcer son discours.

443 **Attends que j'arrive.**
FAUX Warte, dass ich komme!
CORR **Warte, bis ich komme!**
NOTE *attendre que* ne se traduit pas par *warten dass,* mais soit par *warten bis* (littéralement *attendre jusqu'à ce que*) soit par *darauf warten, dass.* Cette dernière solution est toutefois rare avec un impératif.
TRAD Ils attendent que les feux passent au vert.

Dépendantes/subordonnées

444 **avoir raison de faire quelque chose**
FAUX Recht haben, etwas zu tun
CORR **etwas mit Recht tun**
Es ist richtig, dass jemand etwas tut.
NOTE *avoir raison : Recht haben,* sauf quand on a, en français, une construction infinitive, qui n'est pas possible en allemand. On a alors recours aux constructions citées dans les exemples.
TRAD Tu avais raison d'emporter tes vêtements d'hiver.

445 **être libre de faire quelque chose**
FAUX frei sein, etwas zu tun
CORR **die Freiheit haben, etwas zu tun**
NOTE L'usage n'admet pas de construction infinitive après *frei sein.* On a donc recours à *die Freiheit haben, etwas zu tun* : *avoir la liberté de faire quelque chose* ou bien *es steht jemandem frei, etwas zu tun.*
TRAD Vous êtes libre de suivre mon conseil ou non.

446 **être le premier à faire quelque chose**
FAUX der Erste sein, etwas zu tun
CORR **der Erste sein, der etwas tut**
NOTE L'usage ne permet pas de construction infinitive avec *der/die/das Erste,* mais uniquement une dépendante relative.
TRAD Qui fut le premier à traverser la Manche à la nage ?

447 **Il m'arrive de le faire.**
FAUX Es kommt mir vor, es zu tun.
CORR **Es kommt vor, dass ich es tue.**
NOTE La construction infinitive est impossible avec cette tournure. On emploiera une subordonnée introduite par *dass.*
TRAD Est-ce qu'il t'est déjà arrivé de rester debout toute la nuit ?

448 **Avant de dormir, je lis.**
FAUX Bevor zu schlafen, lese ich.
CORR **Bevor ich schlafe, lese ich.**
NOTE Contrairement au français, on n'a pas de construction infinitive avec *bevor* et *nachdem*. Malgré l'antériorité, on rencontre le plus souvent, dans la subordonnée introduite par *bevor,* le même temps que dans la principale. Mais faire attention à la concordance des temps avec *nachdem* :

— Nachdem er gegessen hat, geht er ins Bett.
— Nachdem er gegessen hatte, ging er ins Bett.

TRAD Lisez attentivement le texte avant de répondre aux questions.

449 **Il leur dit de rester.**
FAUX Er sagt ihnen zu bleiben.
CORR **Er sagt ihnen, dass sie bleiben sollen.**
NOTE À la place de la construction infinitive, on a une subordonnée/dépendante introduite par la conjonction *dass,* qui peut toutefois tomber, le verbe étant alors en deuxième place. La subordonnée contient l'auxiliaire de mode *sollen* qui se met le plus souvent à l'indicatif (ex. : *Er sagt, ich soll es tun*) ou bien, si l'on souhaite soigner son style, au subjonctif du discours rapporté (ex. : *Er sagt, ich solle es tun*). Pour affaiblir l'injonction dans un style très soigné, on utilise la construction sans *dass,* où l'on peut remplacer *sollen* par *mögen* qui se trouve alors toujours au subjonctif.
TRAD 1 – Je t'ai déjà dit cinq fois de ne pas m'interrompre.
2 – Je lui ai dit/demandé de me faire une offre.

450 **La question de savoir si...**
FAUX Die Frage zu wissen, ob...
CORR **Die Frage, ob...**
NOTE Ne pas mettre *zu wissen* après *die Frage.* Cf. l'anglais *The question whether/if...*
TRAD On me posa la question de savoir si les poules avaient des dents.

451 **C'est une note dont il est fier.**
FAUX Das ist eine Note, deren er stolz ist.
CORR **Das ist eine Note, auf die er stolz ist.**
NOTE Le relatif français *dont* ne se traduit pas toujours par *dessen, deren,* mais peut donner, selon le verbe / l'adjectif dont il dépend,

n'importe quel autre pronom relatif (accompagné d'une préposition ou non).

TRAD Elle a acheté une maison dont elle est tout à fait satisfaite.

452 La société où nous vivons

FAUX Die Gesellschaft, wo wir leben

CORR **Die Gesellschaft, in der wir leben**

NOTE Éviter le relatif *wo* après les noms. On préfère une construction prépositionnelle.

TRAD La montagne où ces animaux vivent est haute de cinq mille mètres.

453 Je suis d'accord avec ce qu'il dit.

FAUX Ich bin damit, was er sagt, einverstanden.

CORR **Ich bin mit dem, was er sagt, einverstanden.**

NOTE Les prépositions et les démonstratifs sont contractés en *da(r)* + préposition : *Ich bin damit einverstanden / darauf vorbereitet.* Mais, dans la langue correcte, on n'a pas de telle contraction pour annoncer une dépendante relative.

TRAD Elle fut très heureuse de ce qu'il lui avait dit.

454 Il pense que, s'il fait beau, il ira à la piscine.

FAUX Er denkt, dass wenn schönes Wetter ist, geht er ins Schwimmbad.

CORR **Er denkt, dass er, wenn schönes Wetter ist, ins Schwimmbad geht.**

NOTE Pour éviter que deux conjonctions se heurtent, penser à placer le sujet (ainsi que les éventuels pronoms personnels et réfléchis) de la première dépendante entre les deux conjonctions, sans oublier que les verbes conjugués sont toujours à la fin.

TRAD J'espère que, si je lui demande, il me conduira à la gare demain matin.

455 Elle est sérieuse, car elle n'arrive jamais en retard.

FAUX Sie ist ernst, denn sie nie spät kommt.

CORR **Sie ist zuverlässig/seriös, denn sie kommt nie zu spät.**

NOTE a – Dans les subordonnées, le verbe conjugué est à la fin. Après les cinq conjonctions de coordination suivantes : *aber, sondern, und, oder, denn,* le verbe occupe la même place que dans une indépendante.

b – *sérieux : ernst,* sauf au sens de *sur qui / sur quoi l'on peut compter ; qui ne trompe pas : zuverlässig* ou bien *seriös.*

c – Faire la différence entre *arriver tard : spät kommen* et *arriver en retard : zu spät kommen,* tournure qui signifie également *arriver trop tard.* Pour éviter cette ambiguïté, dire *mit Verspätung kommen : arriver en retard.*

TRAD Il nous faut un manager sérieux, car la situation est extrêmement sérieuse...

456 **Plus je vieillis, plus je comprends de choses.**

FAUX Je mehr ich werde alt, desto mehr ich verstehe Dinge.

CORR **Je älter ich werde, desto mehr Dinge verstehe ich.**

NOTE La dépendante exprimant la cause est introduite par *je,* le verbe conjugué occupe la dernière place. La suite représente une indépendante qui est introduite par *desto, umso* ou, à nouveau, par *je,* particules qui sont directement suivies du comparatif. Tout ce groupe comparatif occupe la première place qui est suivie du verbe. Noter que *mehr* et *weniger* ainsi que tout adjectif au comparatif sont directement suivis du complément d'objet direct dont ils dépendent (et qui, en français, figure en dernière position).

EXEMPLE : *Plus je lis de livres, plus j'apprends de choses : Je mehr Bücher ich lese, desto mehr Dinge erfahre ich.*

Le verbe français *être* est souvent traduit par *werden* pour accentuer une évolution. Dans la dépendante introduite par *je,* le futur est généralement substitué par le présent. Il est recommandable de mémoriser une phrase entière pour retenir cette combinaison complexe.

TRAD 1 – Plus il sera riche dans la vie, plus il fera de longs voyages.

2 – Plus il fera froid, plus les gens s'habilleront chaudement.

457 **Dès qu'il arrivera...**

FAUX Sobald er ankommen wird...

CORR **Sobald er ankommt...**

NOTE Dans le langage courant, le futur est le plus souvent remplacé par le présent, surtout lorsque le sens futur est évident ou bien lorsqu'il y a un complément de temps ainsi que dans les dépendantes introduites par une conjonction temporelle : *wenn, sobald, nachdem, bevor, bis, während, solange, sooft.*

TRAD Quand je partirai en vacances, nous serons déjà le mois de juillet.

458 **Je ne sais pas s'il est seul ou pas.**

FAUX Ich weiß nicht, ob er allein oder nicht ist.

CORR **Ich weiß nicht, ob er allein ist oder nicht.**

NOTE *oder nicht* passe à la fin, même dans les dépendantes où la dernière place est normalement occupée par le verbe conjugué.

TRAD Nous nous demandons s'il est arrivé ou non.

13. Divers

459 **comme par exemple**
FAUX als zum Beispiel
CORR **wie zum Beispiel**
NOTE *Comme* a plusieurs sens :
a – tel que : wie
b – en tant que : als
c – puisque : da
Donc *comme p. ex.* ou *tel que p. ex. : wie z.B.*
TRAD 1 – Les nouveaux États fédérés, comme par exemple la Thuringe, sont relativement petits.
2 – Comme je n'ai plus de timbres, je dois aller au bureau de poste.
3 – Elle travaille comme secrétaire.

460 **Faites comme lui !**
FAUX Machen Sie wie er!
CORR **Machen Sie das wie er!**
NOTE Pour traduire la tournure *faire comme quelqu'un,* le verbe *machen* est obligatoirement accompagné d'un complément d'objet direct, ne fût-ce que de *das* ou *es.*
TRAD Regarde. Tu n'as qu'à faire comme moi.

461 **Comment le savoir ?**
FAUX Wie (kann man) das wissen?
CORR **Woher soll man das wissen?**
NOTE a – L'allemand n'admet pas couramment de construction infinitive après les pronoms interrogatifs, mais une proposition entière.

b – L'usage préfère le modal *sollen* dans les questions. Dans les exemples cités, *können* ne serait pas idiomatique, bien que possible.

c – Dans un langage idiomatique, le verbe *wissen* est le plus souvent accompagné du pronom interrogatif *woher,* bien que *wie* soit également possible. L'allemand préfère donc accentuer ici la provenance de l'information.

TRAD Ils se demandent comment savoir si Dieu existe.

462 Depuis combien de temps ?

FAUX Seit wieviel Zeit?

CORR **Wie lange schon? / Seit wann?** (au sens de *depuis quand ?*)

NOTE Expressions à retenir.

TRAD Depuis combien de temps êtes-vous déjà au courant de cela ?

463 quelque temps après (cela)

FAUX etwas Zeit danach

CORR **einige Zeit danach**
nach einiger Zeit

NOTE Le syntagme *etwas Zeit* pour *quelque temps* est possible *(Hast du noch etwas Zeit?),* sauf quand il est accompagné d'une préposition ou de son dérivé.

TRAD Paul avait déjà eu une panne quelque temps avant son accident de voiture.

464 peu avant/après deux heures et demie

FAUX wenig vor/nach halb drei

CORR **kurz vor/nach halb drei**

NOTE *peu : wenig,* sauf devant *vor* et *nach* et leurs dérivés *davor/danach, vorher/nachher, bevor/nachdem.*

TRAD Les ouvriers ont terminé leur journée peu après trois heures et demie.

465 sinon

FAUX sondern (qui signifie *mais au contraire*)

CORR **sonst**

NOTE Moyen mnémotechnique : *sinon* et *sonst* possèdent le même nombre de lettres.

TRAD Aide-moi, s'il te plaît, sinon je serai bien déçu.

466 **sans cela, sans quoi**
FAUX ohne das, ohne was
CORR **sonst**
NOTE L'usage n'admet ni *ohne das* ni *ohne was.* On les substitue le plus souvent par *sonst* : *sinon.*
TRAD Tu dois bien faire attention, sans quoi tu ne comprendras pas de quoi il s'agit.

467 **Berlin, le 3-10-1990** (à l'en-tête d'une lettre)
FAUX Berlin, der 3-10-1990
CORR **Berlin, den 3.10.1990**
NOTE Noter l'accusatif à l'en-tête d'une lettre et l'usage des points après le jour et le mois. Ces chiffres étant des ordinaux, il faut lire *Berlin, den dritten zehnten neunzehnhundertneunzig* (jour de la réunification des deux Allemagne).
TRAD Vienne, le 1/1/1995.

468 **La guerre a éclaté le 3-9-39.**
FAUX Der Krieg hat den 3.9.39 ausgebrochen.
CORR **Der Krieg ist am 3.9.39 ausgebrochen.**
NOTE a – En dehors des en-têtes de lettres, la date s'exprime, au sens adverbial, à l'aide de *am.*
b – *ausbrechen* implique un changement d'état qui entraîne l'auxiliaire *sein* au parfait.
TRAD La Suède a adhéré à l'Union européenne le 1-1-1995.

469 **(Cher) Monsieur...** (début d'une lettre)
FAUX (Lieber) Herr...
CORR **Sehr geehrter Herr Müller/Mayer,** etc.
NOTE Formule à retenir. Toujours ajouter le nom de famille sauf au pluriel. L'emploi de l'adjectif *liebe(r)* est limité aux lettres adressées aux personnes que l'on connaît personnellement.
TRAD Mesdames, Messieurs...

470 **la moitié de l'Europe**
FAUX die Hälfte Europas
CORR **halb Europa**
NOTE Cf. l'exemple n° 221 : *toute l'Europe.*
TRAD Un tiers de la France et la moitié de l'Allemagne sont concernés.

471 **Tous les Allemands ne sont pas d'accord.**

FAUX Alle Deutschen sind nicht einverstanden.

CORR **Nicht alle Deutschen sind einverstanden.**

NOTE *nicht* se met de préférence devant le mot sur lequel il porte, surtout devant *alle,* les articles définis, les adjectifs (démonstratifs, possessifs, etc.) et les prépositions.

TRAD Toute la classe n'a pas pu participer au voyage scolaire, car quelques élèves étaient malades.

472 **Tout cela, je le sais.**

FAUX All das weiß ich es.

CORR **All das weiß ich.**

NOTE Comme, dans la phrase française, le verbe est précédé du complément d'objet direct *tout cela,* celui-ci est repris plus loin par *le.* L'allemand ne reprend pas les compléments qui précèdent le verbe.

TRAD Ça, on peut (bien) le dire !

473 **Qui est-ce ? — (C'est) moi.**

FAUX Wer ist das? — (Es ist) mich.

CORR **Wer ist das? — Ich (bin es).**

NOTE a – Il n'y a rien qui indique que le pronom personnel *moi* soit un complément d'objet direct. Au contraire, avec les verbes *sein, werden, bleiben* et *heißen,* on a le cas sujet/nominatif.

b – Éviter de se servir de *es ist* pour mettre en valeur un élément de la phrase. En général, le français *c'est... (qui/que)* ne se traduit pas et l'élément accentué figure en tête ou en fin de phrase ou bien est accentué à l'aide de l'intonation.

TRAD 1 – Qui de nous deux alors a pressenti la crise ? — C'était toi.

2 – C'est hier qu'il l'a dit.

474 **Qui est-il déjà ?**

FAUX Wer ist er schon?

CORR **Wer ist das noch ([ein]mal)?**

NOTE Dans les questions directes où l'adverbe *déjà* signifie plus ou moins *Je ne me rappelle pas,* on a *noch (einmal)* en allemand. (*Wer ist er schon* prend la connotation concessive et péjorative : *Il n'est pas important du tout.*)

TRAD Où est-ce qu'il habite déjà ?

475 **c'est-à-dire que**
FAUX es heißt, dass
CORR **das heißt, dass** (abréviation courante : **d.h.**)
NOTE *es heißt, (dass)* prend un sens tout différent : *Il paraît que / On dit que.*
TRAD Je suis pressé. C'est-à-dire que je dois partir tout de suite.

476 **Où aller ?**
FAUX Wo gehen?
CORR **Wohin?**
NOTE *wo* ne peut exprimer une direction. Dire *wohin* à cet effet. L'infinitif *gehen* est sous-entendu. Comparer à cet égard l'absence fréquente de l'infinitif en présence d'un verbe modal accompagné d'un complément de lieu qui exprime une direction. *Je dois aller chez le coiffeur : Ich muss zum Frisör.* Ou bien : *Je voudrais rentrer à la maison : Ich möchte nach Hause (gehen/fahren).*
TRAD Ces pauvres enfants ne savent pas où aller.

477 **Santé !** (en trinquant)
FAUX Gesundheit!
CORR **Prost! / Auf Ihre (Deine) Gesundheit!**
NOTE *Gesundheit : À vos souhaits !,* formule que l'on adresse à une personne qui éternue.
TRAD Après le discours, tout le monde s'écria « Santé ! ».

478 **Bientôt, c'est l'été.**
FAUX Bald ist es der Sommer.
CORR **Es ist bald Sommer. / Bald ist Sommer.**
NOTE a – Pour l'ellipse du *es* explétif, voir l'exemple 479.
b – Noter l'absence de l'article défini dans la construction *Bald/Morgen/Gestern/Wann* (ou un autre complément de temps) + *sein* + saison/fête. Cependant, dans d'autres constructions, les saisons, etc., s'emploient bien avec l'article défini : *Im Sommer fahren wir in Urlaub.*
TRAD Demain, c'est la fête des mères.

479 **Dans ce texte, il est question de...**
FAUX In diesem Text ist es die Rede von...
CORR **In diesem Text ist die Rede von...**

NOTE Dans certaines tournures et par exemple au passif, on se sert du pronom explétif *es* avec la seule fonction d'occuper la première place : *Es ist die Rede von...* Ce pronom disparaît dès qu'un autre élément occupe cette place. Mais attention : dans de nombreuses expressions, le pronom *es* est obligatoire : *Es ist wichtig/möglich/notwendig/klar*, etc. / *Es schneit* / *Ich habe es eilig*, etc.

TRAD De quoi a-t-il été question au congrès ?

480 **l'ingénieur**

FAUX prononciation germanisée : -gué-

CORR **prononciation française : -gé-**

TRAD Petra travaille comme ingénieur chez Siemens.

481 **les mathématiques**

FAUX die Mathematik

CORR **die Mathematik**

NOTE La syllabe portant l'accent tonique est soulignée. En ce qui concerne les mots d'origine française, ils portent presque tous l'accent tonique sur la dernière syllabe (sans compter désinences et suffixes) : *Demokratie, historisch,* etc. L'accent tonique précède le suffixe *-ik* (Informatik, Logik, Mathematiker, Physiker, Musiker, etc.) sauf dans Mathematik, Physik, Musik, Politik.

TRAD L'école recherche un mathématicien diplômé qui sache également enseigner la physique.

482 **en général**

FAUX in allgemein

CORR **im Allgemeinen**

NOTE Ne pas oublier la désinence *-en* et la présence de l'article défini dans *im.*

TRAD Johanna préfère en général la musique classique à la musique pop.

483 **C'est (à) la mode en ce moment.**

FAUX Das ist im Moment die Mode.

CORR **Das ist im Moment (in) Mode.**

NOTE Noter l'absence d'article dans l'expression *Das ist (in) Mode,* où la préposition *in* est facultative. L'usage familier d'aujourd'hui admet aussi l'anglicisme *Das ist in : C'est à la mode.*

TRAD Les cravates très larges ne sont plus (à) la mode depuis longtemps.

484 **Il est fier de lui.** (= *de lui-même*)
FAUX Er ist stolz auf ihn.
CORR **Er ist stolz auf sich.**
NOTE Lorsque le pronom personnel français se rapporte au sujet, on a un pronom réfléchi en allemand qui correspond au pronom personnel sauf à la troisième personne : *mich/mir, dich/dir, sich, uns, euch, sich.* Faire attention surtout quand le pronom suit une préposition.
TRAD Ils sont satisfaits d'eux-mêmes et de leurs résultats.

485 **Pour moi / À mon avis, il faut le faire.**
FAUX Für mich muss man das tun.
CORR **Meiner Meinung nach muss man das tun.**
NOTE *Für mich muss man das tun* signifie *Il faut le faire pour moi, à mon intention,* car *für jemanden* ne prend que rarement le sens de *selon l'avis de quelqu'un.*
TRAD Pour le juge / Selon l'avis du juge, ils ne sont pas coupables.

486 **arriver à Munich**
FAUX nach München an/kommen
CORR **in München an/kommen**
NOTE *kommen* implique une direction et entraîne donc une préposition spatiale + A ou les prépositions *nach* + *D* et *zu* + *D,* à la différence de *ankommen* et son synonyme *eintreffen* qui entraînent un locatif/datif. Il y a d'autres verbes qui sont accompagnés du locatif/datif alors que certains aspects portent à croire qu'il y a une direction :

— se cacher à un endroit : sich an einem Ort verstecken
— s'installer à un endroit : sich an einem Ort niederlassen
— descendre à un hôtel, etc. : in einem Hotel, etc., absteigen

TRAD Notre fils voudrait venir à la maison, mais nous ignorons quand il arrivera chez nous.

487 **Il n'a que trois ans.**
FAUX Er hat nur drei Jahre.
CORR **Er ist erst drei (Jahre alt).**
NOTE a – *nur* et *erst* signifient *seulement* ; *ne... que,* mais *erst* implique qu'il y aura une suite (temporelle ou quantitative) et peut se traduire souvent par *ne... encore / jusqu'ici que...,* alors que *nur* n'a pas cette connotation.
b – Retenir aussi *avoir x ans* : *x Jahre alt sein.*

TRAD 1 – Ils n'ont qu'un enfant et voudraient encore deux enfants.
2 – Ils n'ont qu'un enfant et ne voudraient pas d'autres enfants.

488 **ni toi ni moi**
FAUX noch du noch ich
CORR **weder du noch ich**
NOTE Portent souvent à confusion :
— ni... ni : weder... noch
— soit... soit / ou... ou : entweder... oder
— et... et ; aussi bien... que : sowohl... als auch
TRAD 1 – Le facteur n'est passé ni hier ni aujourd'hui.
2 – Soit il n'a pas écouté, soit il est sourd.
3 – Nous avons habité et à Cologne et à Berlin.

489 **Il n'a plus d'argent.**
FAUX Er hat kein mehr Geld.
CORR **Er hat kein Geld mehr.**
NOTE Lorsque la négation *kein* précède le nom, *mehr* passe après celui-ci.
TRAD Nous n'avons plus de temps à perdre.

490 **plus cher**
FAUX teuerer
CORR **teurer**
NOTE Les adjectifs et adverbes en *-er* et *-el* (comme *dunkel, sensibel, rentabel*) perdent un *e* quand ils sont déclinés.
TRAD Quelle bague est plus chère, celle-ci ou celle-là ?

491 **Ce n'est pas un homme heureux.**
FAUX Das ist nicht ein glücklicher Mann.
CORR **Das ist kein glücklicher Mann.**
NOTE *ne... pas de / pas un(e)* se traduit presque toujours par *kein(e)* (sauf dans certains cas rares où la négation ne porte pas sur le nom qui suit mais sur la phrase entière). Il faut donc se méfier de *nicht ein* qui signifie également *ne... pas un (mais deux,* etc.*)* ou bien *ne... pas un seul.* On dira alors, plus couramment, *nicht ein einziger.*
TRAD Nous n'avons pas de fils, mais une fille.

492 **Il est venu ici hier.**
FAUX Er kam hier gestern.
CORR **Er kam gestern hierher.**

NOTE a – *hier* ne peut exprimer une direction. Dire *hierher*.
b – Les compléments de temps précèdent les compléments de lieu. Attention : en anglais, c'est l'inverse ! Les autres compléments (par ex. de manière) se mettent en général entre le complément de temps et le complément de lieu.

TRAD Monika est allée au cinéma hier avec son petit ami.

493 **Je suis à votre disposition.**

FAUX Ich stehe zu Ihrer Verfügung.

CORR **Ich stehe Ihnen zur Verfügung.**

NOTE Attention ! L'adjectif possessif français donne le plus souvent un pronom personnel au datif dans la construction *jemandem zur Verfügung stehen.* Retenir aussi *jemandem etwas zur Verfügung stellen* : *mettre quelque chose à la disposition de quelqu'un.*

TRAD La bibliothèque est à la disposition de tous les étudiants.

494 **deux heures et demie**

FAUX halb zwei

CORR **halb drei**

NOTE *halb* signifie ici *la moitié de l'heure indiquée.*

TRAD Est-ce que nous travaillons aujourd'hui dès onze heures et demie ?

495 **Ce n'est pas croyable !**

FAUX Das ist nicht glaublich!

CORR **Das ist unglaublich!**

NOTE Expression à retenir. La négation à l'aide de *nicht* n'est pas admise par l'usage. Idem pour *unmöglich* : *impossible* au sens emphatique de *mal à propos,* alors qu'au sens de *irréalisable* on a le choix entre *unmöglich* et *nicht möglich.* Noter aussi que *pas terrible* au sens de *pas extraordinaire* donne *nicht sehr gut.*

TRAD Le titre de cette chanson n'est vraiment pas possible.

496 **souhaiter la bienvenue à quelqu'un**

FAUX jemanden willkommen

CORR **jemanden willkommen heißen** (heißt, hieß, hat geheißen)

NOTE *willkommen : bienvenu* n'existe qu'en tant qu'adjectif. Retenir aussi : *être le bienvenu : willkommen sein.*

TRAD Ils me souhaitèrent la bienvenue dans leur pays.

497 **Ce n'est pas mon cas.**
FAUX Das ist nicht mein Fall.
CORR **Das trifft auf mich nicht zu.**
NOTE *le cas : der Fall,* mais *Das ist nicht mein Fall* est une expression qui signifie *Ce n'est pas ma tasse de thé.* Employer *zu/treffen auf + A* : *concerner, être vrai pour quelqu'un.*
TRAD Est-ce votre cas ?

498 **Je vous prie d'agréer, Madame, Monsieur, l'expression de ma considération distinguée.**
FAUX Ich bitte Sie, meine Damen und Herren, mir den Ausdruck meiner vorzüglichen Hochachtung zu gestatten.
CORR **Mit freundlichen Grüßen**
NOTE En fin de lettre, ne pas traduire la formule française, mais s'adapter à l'usage de la correspondance commerciale ou administrative où l'on se limite, de nos jours, à la formule *Mit freundlichen Grüßen,* quelle que soit la personne à qui l'on s'adresse. Dans la langue familière, on rencontre plus fréquemment la formule *Schöne Grüße* ou bien, tout court, *Gruß.*
TRAD Je vous prie, Monsieur le Maire, de croire en mes sentiments respectueux.
M. Untel

499 **En conclusion, je suis pour cela.**
FAUX Zum Schluss/Schließlich bin ich dafür.
CORR **Zum Schluss/Schließlich möchte ich sagen, dass ich dafür bin.**
NOTE *Zum Schluss/Schließlich etwas tun* signifie *finir par faire quelque chose* si bien que *Schließlich/Zum Schluss bin ich dafür* signifie *Je finis par être pour cela,* alors que l'on dit, en allemand : *Zum Schluss / Schließlich möchte ich sagen, dass ich dafür bin – Je voudrais finir par dire que je suis pour cela.*
TRAD En conclusion, il faut supprimer cette loi.

500 **Au revoir !** (au téléphone)
FAUX Auf Wiedersehen!
CORR **Auf Wiederhören!**
NOTE *Au revoir : Auf Wiedersehen* sauf au téléphone puisqu'on se parle sans se voir...
TRAD Je dois raccrocher. Je te rappelle demain. Au revoir.

Corrigés

001 Wenn sie tagsüber so müde ist, liegt das daran, dass sie nachts nicht genug Schlaf bekommt / ... Schlaf hat.

002 Da ich nicht einkaufen gehen kann, seid ihr es wohl, die sich auf den Weg machen müssen. / Da ich nicht einkaufen gehen kann, müsst ihr euch wohl auf den Weg machen.

003 Ist morgen Freitag oder Samstag? / Haben wir morgen Freitag oder Samstag?

004 Wird dir auf... / Ist dir auf diesem Turm nicht schwindlig?

005 Die nächste Oase liegt einen Tag von dieser Stadt entfernt. / ... ist von dieser Stadt einen Tag entfernt.

006 Inge hat eine Verabredung, was zur Folge hat, dass sie nicht zum Essen bleibt.

007 Ich hatte heute Nacht einen seltsamen Traum. / Ich habe letzte Nacht einen sonderbaren Traum gehabt.

008 Sein Onkel hat schon einmal eine Lungenentzündung gehabt (er) hat sie aber überlebt. / .., (er) hat sie jedoch überlebt / ..., aber (er) hat sie überlebt.

009 Der Unfall hat mehrere Todesopfer gefordert.

010 Wieviel kostet dieses Auto? / Wie teuer ist dieses Auto? — Es kostet nicht viel. / Es ist nicht teuer. / Es kommt nicht teuer.

011 Diese Zeitschrift erscheint alle vierzehn Tage.

012 Was Sie sagen, trifft nur auf ältere Menschen zu.

013 1 – Es hat einen ganzen Monat geregnet. / Es hat einen ganzen Monat lang geregnet.

2 – Herr Meyer ist für ein Jahr eingestellt worden. / Herr Meyer wurde für ein Jahr eingestellt.

014 Viele Leute fahren nach Paris, um die Stadt zu besichtigen und kennen zu lernen. / ..., um es zu besichtigen und kennen zu lernen.

015 Wie geht es dir? — Es geht so, und dir? / Es geht, und dir?

016 Er hat sie mit eigenen Augen / mit seinen eigenen Augen gesehen.

017 1 *a* – Als Tante Else im Krankenhaus war, besuchte Mark sie als Erster.

b – Als Tante Else im Krankenhaus war, ist Mark der Erste gewesen, der sie besuchte / ..., der sie besucht hat.

2 – Es gibt fünf Kandidaten / Bewerber. Wer wird der Erste sein? / Wer wird Erster sein?

018 1 *a* – Sie möchten die führenden / die größten / die erfolgreichsten Computerhersteller der Welt werden.

b – Sie möchten die weltweit führenden / die weltweit größten / die weltweit erfolgreichsten Computerproduzenten werden.

2 – Der Bibel nach / Laut der Bibel war Eva die erste Frau.

019 Im August / Im Monat August sind fast alle (Leute) weg.

020 Durch die medizinischen Fortschritte / Dank der medizinischen Fortschritte / Auf Grund der medizinischen Fortschritte werden die Leute immer älter.

021 Warte auf mich, ich brauche nur zwei Minuten.

022 1 – Nicht umsonst gehe ich immer zu Fuß dorthin / ... zu Fuß dahin. Man muss etwas für die Gesundheit tun.

2 – (Die) Klempner kommen nicht gratis / kostenlos. (« *Umsonst* » risquerait de prendre ici le sens de « *en vain* ».)

023 Hast du morgen Zeit, mir zu helfen?

024 Er hat krumme Beine.

025 Sie müssen beide arbeiten gehen, um ihren Lebensunterhalt zu verdienen.

026 Wenn man ihn sieht, möchte man meinen / ..., könnte man meinen, dass er erst fünfzehn ist. / ... fünfzehn Jahre alt ist.

027 Jeder achte Deutsche ist gegen diese Maßnahme.

028 Wir hatten leider nicht die Möglichkeit... / Es war uns leider nicht möglich, Sie über den Vorfall früher zu benachrichtigen / zu unterrichten / zu informieren.

029 1 – Da Erik seit heute Morgen unterwegs gewesen ist, kann er sich nicht mehr zum Kochen aufraffen. / ..., hat er keine Lust mehr zu kochen.

2 – Sie hat den Mut gehabt / Sie hatte den Mut, vom Fünf-Meter-Brett zu springen.

030 Nichts ist wichtiger als Gesundheit / als die Gesundheit.

031 Bei 100 km/h das Lenkrad loszulassen bedeutet Lebensgefahr. / ... ist lebensgefährlich.

032 1 – Tut der Staat genug, um kinderreichen Familien zu helfen?

2 – Es gibt zahlreiche Familien, die von (der) Sozialhilfe leben.

033 Wie geht es Ihnen? / Wie geht's? — Es geht. / Es geht so. Ich habe viel Arbeit.

034 Wenn du um sieben Uhr / um sieben kommst, könnten wir aus sein. / ... könnten wir ausgegangen sein / außer Haus sein.

035 In diesem Haus wohnen keine jungen Leute, sondern nur ältere. / ... nur ältere Leute.

036 Kriminelle sitzen im Gefängnis / Kriminelle sind im Gefängnis, weil sie das Gesetz nicht befolgt haben / eingehalten haben.

037 Hättest du ihn an meiner Stelle angerufen?

038 1 – Heute ist die Zeit wieder sehr langsam vergangen.

2 – Dieser Schüler verbringt seine ganze Freizeit damit, zu lesen. / Dieser Schüler verbringt seine ganze Freizeit mit Lesen.

3 – Können Sie mir bitte die Butter reichen / ... die Butter geben?

4 – Nachdem Sie an der Kirche vorbeigefahren sind / ... an der Kirche vorbeigegangen sind, müssen Sie rechts abbiegen.

5 – Die Arbeitslosenzahl ist von 3,8 Millionen auf 4 Millionen gestiegen. / Die Zahl der Arbeitslosen hat sich von 3,8 Mio auf 4 Mio erhöht.

6 – Wir sind von der Küche ins Wohnzimmer gegangen.

7 – Wann kommen Sie bei mir vorbei?

8 – Was ist gestern Abend passiert? Was war gestern Abend los?

039 Vor der Maueröffnung haben die DDR-Bürger wochenlang gegen das Regime demonstriert.

040 Viele Ausländer sind nur auf beruflicher, nicht aber auf gesellschaftlicher Ebene integriert. / Viele Ausländer sind nur auf beruflicher Ebene, aber nicht auf gesellschaftlicher Ebene eingegliedert.

041 Politiker sollten Vorbilder für uns sein. / Die Politiker sollten für uns Vorbilder sein.

042 Haben Sie Ihre Ferien genossen? / ... Ihren Urlaub genossen?

043 Das Ruhrgebiet besteht aus mehreren Großstädten / ... aus mehreren großen Städten.

044 Dieser Schüler ist heute Abend zu Hause geblieben, um zu lernen.

045 Oskar ist so harte Arbeit nicht gewohnt. / Oskar ist an so harte Arbeit nicht gewöhnt...

046 1 – Warum nennen Sie nur seine schlechten Eigenschaften? / Warum führen Sie nur seine schlechten Eigenschaften an?

2 – Ist es die Qualität oder der Preis, der Sie dazu veranlasst / dazu bewegt, ein Produkt zu kaufen? / Veranlasst Sie / Bewegt Sie die Qualität oder der Preis dazu, ein Produkt zu kaufen?

047 Ich erinnere mich sehr gut an sein Gesicht. / Ich kann mich an sein Gesicht sehr gut erinnern. / Sein Gesicht ist mir in sehr guter Erinnerung.

048 Herr Kaiser ist mit seinem neuen Winteranzug sehr zufrieden.

049 Spielberg ist der erfolgreichste amerikanische Regisseur.

050 Wenn man ihn provoziert, ruft das bei ihm leicht große Wut / eine große Wut hervor.

051 1 – Uli schaut sich... / Uli sieht sich jeden Abend die Nachrichten an. / Uli sieht... / Uli schaut jeden Abend die Nachrichten.

2 – Ich besitze keine Informationen über sein Privatleben. / Ich besitze über sein Privatleben keine Informationen.

052 Letztes Jahr ist der Strompreis gesunken/gefallen.

053 1 – Rolf hat diese Uhr zum halben Preis bekommen.

2 – Als er keine Arbeit hatte, hatte er mehr Freizeit, aber auch mehr Sorgen als heute.

054 Sie benutzt manchmal... / Sie gebraucht manchmal eine recht ordinäre / eine ziemlich ordinäre Sprache, die sie im gewöhnlichen Leben aber meidet. / ... Leben jedoch vermeidet.

055 1 – Wann kann ich mein repariertes Auto / meinen reparierten Wagen aus der Werkstatt / aus der Autowerkstatt abholen?

2 – Ihre Garage ist nicht groß genug, um ihren Mercedes darin zu parken.

056 Der Staat ist in einem schlechten Zustand.

057 Die kleine Bewerberzahl relativierte seine Situation / seine Lage.

058 1 – Fassen Sie die ersten beiden Abschnitte dieses Zeitungsartikels zusammen!

2 – Wie oft ist der deutsche Abtreibungsparagraf 218 (schon) reformiert worden?

059 1 – Alle Kritiker haben seinen neuen Roman gelobt.

2 – Ihre Kritik ist nicht gerechtfertigt / nicht berechtigt.

060 Es ist unmoralisch, diese armen Leute auszubeuten / auszunutzen.

061 Wenn Sie Mängel feststellen, wenden Sie sich an den Hersteller. / ..., richten Sie sich an den Hersteller.

062 Sie können mich jederzeit / Sie können mich zu jeder Zeit anrufen, wenn Sie sich allein fühlen.

063 Es tut mir Leid, dass er das Spiel verloren hat, aber das nächste Mal / ..., beim nächsten Mal aber wird er sicher nicht / sicherlich nicht / bestimmt nicht noch einmal verlieren.

064 Sie geben mehr als dreißig Prozent ihrer Löhne / ihrer Gehälter für die Miete aus.

065 « Was könnten die Leute / Was mögen die Leute wohl denken? », fragte er sich.

066 Hunger ist ein Problem für die meisten Drittweltländer / für die meisten Länder der Dritten Welt.

067 1 – Da sie verheiratet sind, zahlen sie weniger Steuern.

2 – Lügner! Ich glaube dir nicht!

068 Auf dem Foto siehst du die Müllers. Das waren damals meine Nachbarn.

069 Manche Leute wollen immer Recht haben.

070 Sie arbeitet als Verkäuferin in einem kleinen Supermarkt.

071 Auch einige Eltern waren zu dem Kinderfest gekommen.

072 Ihre Armut bedeutet, dass sie sich eine / ..., dass sie eine noch kleinere Wohnung suchen müssen.

073 Ich brauche deine Hilfe, Karin, und deshalb komme ich zu dir.

074 Uwe möchte nach seinem Studium Lehrer werden.

075 Der Drogenhändler wurde vom Gericht streng bestraft / ... ist vom Gericht streng bestraft worden.

076 Sylvies Pullover sind von ihrer Großmutter gestrickt worden.

077 Jürgen schaute das Foto lange an / Jürgen sah sich das Foto lange an, bevor er es mir zeigte. / Jürgen hat sich das Foto lange angesehen / lange angeschaut, bevor er es mir gezeigt hat.

078 Ich frage mich, warum du dich immer wieder darüber wunderst.

079 Dieses Wasser gibt es / existiert in 2,5-Liter-Flaschen (Zwei-Komma-fünf-Liter-Flaschen).

080 Du musst den Kindern sagen, wann sie nach Hause kommen müssen / kommen sollen.

081 1 – Wann haben Sie Zeit dazu / Zeit dafür? Wann werden Sie Zeit dazu haben?

2 – Das ist ihr Problem.

3 – Das ist Ihr Problem.

082 Die Jugend von heute will... / Die heutige Jugend will von diesen Dingen nichts mehr hören.

083 Ich erinnere mich noch gut an dein Versprechen.

Ich kann mich an dein Versprechen noch gut erinnern.

084 Er schläft gerade. Weck ihn nicht. / Wecke ihn nicht auf.

085 Mit dreißig Jahren / Mit dreißig hat das Leben erst gerade angefangen / ... hat das Leben gerade erst begonnen.

086 Man muss heutzutage mit allem rechnen. / Man muss heutzutage auf alles gefasst sein.

087 Einerseits erhöhen sich die Zinsen / steigen die Zinsen, andererseits sinkt die Kaufkraft / nimmt die Kaufkraft ab.

088 1 – Ich bin gestern auf der Straße einem Schulkameraden begegnet.

2 – Der Richter ließ Herrn Stein, den letzten Zeugen, kommen.

089 Wie wird das Frankreich des einundzwanzigsten Jahrhunderts aussehen?

090 In fast allen Ländern ist der Drogenhandel / der Handel mit Drogen verboten.

091 Da er einen europäischen Pass besitzt, muss er wohl Europäer sein / ist er bestimmt Europäer...

092 Im Kalten Krieg waren die Vereinigten Staaten und die UdSSR verfeindet / ... und die UdSSR Feinde.

093 Bald brauchen wir leistungsfähigere Computer. / Bald werden wir leistungsfähigere Computer brauchen.

094 Marie ist immer ganz melancholisch, wenn sie diese Musik hört.

095 Wir produzieren durchschnittlich zweitausend Stück / im Durchschnitt zweitausend Stück pro Tag / 2 000 Stück am Tag. / Wir stellen... her.

096 Nach wochenlangem Regen hat es endlich zu regnen aufgehört. / Nach wochenlangem Regen hat es endlich aufgehört zu regnen.

097 Die Zimmer sind mit allem Komfort ausgestattet / mit allem Komfort versehen.

098 In seinen Träumen läuft das Mäuschen häufig durch geräumige Käsehäuser / durch geräumige Häuser aus Käse.

099 Der Geldautomat hat heute wieder nicht / schon wieder nicht funktioniert.

100 Der Erfolg dieser Firma / dieses Unternehmens / dieses Betriebs ist konjunkturabhängig. / Der Erfolg dieses Unternehmens hängt von der Konjunktur ab.

101 Niemand hat damit gerechnet, dass.. / Niemand war darauf gefasst, dass sein Betrieb / sein Unternehmen so schnell Pleite machen würde / so schnell Pleite gehen würde.

102 Wenn sie sich wenigstens ihres Egoismus bewusst wären! / Wären sie sich wenigstens ihres Egoismus bewusst!

103 Die schlechte Nachricht hatte sie in Verzweiflung gestürzt.

104 Ich habe keine Schwierigkeiten gehabt / Schwierigkeiten bekommen, als ich die Grenze überquert habe. / Ich hatte beim Überqueren der Grenze keine Schwierigkeiten.

105 1 – Sie hat ihm vier Paar Strümpfe geschenkt.

2 – Er ist nur ein paar Tage bei uns geblieben.

106 Dieser Artikel zeichnet sich durch einen recht aggressiven / einen ziemlich aggressiven Ton aus.

107 Ich hoffe, diese gute Nachricht lässt ihn neue Hoffnung schöpfen. / Ich hoffe, dass diese gute Nachricht ihn neue Hoffnung schöpfen lässt.

108 1 – Obwohl seine Mutter Griechin ist, spricht er nur gebrochen Griechisch / ... kann er nur gebrochenes Griechisch.

2 – Ich kenne zwei Deutsche, einen Franzosen, einen Spanier und einen Dänen.

109 Er führt ein Leben wie Gott in Frankreich.

110 Bis 1989 rechnete fast niemand mit der Wiedervereinigung der beiden deutschen Staaten.

111 1 – Die westlichen Länder / Die Länder im Westen / Die Länder des Westens haben mehr Erfahrung mit Kapitalismus als die Länder im Osten / als die des Ostens.

2 – Dänemark liegt nördlich von Deutschland.

3 – Im Süden regnet es weniger als im Norden.

4 – Er hat eine Reise nach Südafrika gemacht.

112 1 – Welche Maßnahmen können ergriffen / können getroffen werden / Welche Maßnahmen kann man ergreifen / kann man treffen, damit die Wirtschaft der Länder Osteuropas leistungsfähiger wird / damit die Volkswirtschaften der osteuropäischen Länder leistungsstärker werden?

2 – Was machen die Leute mit ihren Ersparnissen?

113 1 – Deutschland rechnet mit immer mehr Zuwanderern aus aller Welt / aus der ganzen Welt.

2 – (Die) Gastarbeiter und ihre in Deutschland geborenen Kinder können die deutsche Staatsangehörigkeit bekommen/erwerben.

3 – (Die) Aussiedler sind keine Ausländer.

114 1 – Köln liegt am Rhein.

2 – Nizza und Straßburg sind französische Städte.

3 – Die Mosel fließt durch Trier. / Die Mosel durchquert Trier.

115 Der Kandidat erhielt... / Der Kandidat bekam drei Viertel der Stimmen. / Der Kandidat hat drei Viertel der Stimmen erhalten / bekommen / erzielt.

116 Die Umweltzerstörung betrifft die ganze Menschheit. / Die Zerstörung der Umwelt geht die ganze Menschheit etwas an.

117 1 – Alle haben sich über die Einladung gefreut.

2 – Diese Krise hat die Volkswirtschaften der ganzen Welt getroffen. Diese Krise traf die Volkswirtschaften der ganzen Welt.

118 Zur Zeit der deutschen Wiedervereinigung waren Kanzler Kohl und Präsident Gorbatschow an der Macht.

119 Die deutschen Kultusministerien sind auch für Schulen / für die Schulen / die Erziehung zuständig.

120 Abgesehen von Berlin, Hamburg und Bremen hat... / Außer Berlin, Hamburg und Bremen hat... / Von Berlin, Hamburg und Bremen abgesehen hat jedes deutsche Bundesland einen Ministerpräsidenten.

121 Diese Studenten möchten gern Politiker werden.

122 Die Geschäftsleute sprechen sich für eine Änderung der Ladenschlusszeiten aus.

123 Frau Winter findet keinen Käufer für ihren alten Ford.

124 Wie hieß noch mein... / noch einmal mein Französischlehrer? / Wie hat mein Französischlehrer noch geheißen / noch einmal geheißen?

125 Er langweilt sich nie im Geschichtsunterricht. Er hat im Geschichtsunterricht nie Langeweile.

126 Obwohl Mathias nicht einmal zwanzig Jahre alt ist... / Obgleich Mathias noch nicht einmal zwanzig ist, hat er schon drei Schwägerinnen und einen Schwager.

127 1 – Das ist eine Sache, die uns alle betrifft / die uns alle (etwas) angeht.
2 – Das sind Dinge, die uns alle betreffen / (etwas) angehen.
3 – Nimm dieses Ding von meinem Stuhl!
4 – Kümmern Sie sich um Ihre Angelegenheiten! / ... um Ihre eigenen Angelegenheiten!

128 Letzte Woche haben Sie aber etwas anderes/Anderes gesagt.

129 Wenn man einen Kuchen backen will, braucht man einen Ofen. / Will man Kuchen backen, wird ein Ofen gebraucht.

130 1 – Diejenigen, die mir helfen... / Die, die mir helfen, werden belohnt. / ..., werden belohnt werden.
2 – Die Eltern derjenigen / Die Eltern derer, denen ich diesen Brief geben werde, werden gebeten, mit mir so schnell wie möglich in Kontakt zu treten / ... gebeten, möglichst schnell Kontakt mit mir aufzunehmen.

131 Auf der Bank saßen zwei alte Leute / Menschen. / Auf der Bank haben zwei alte Leute / Menschen gesessen.

132 1 – zwei Glas Wein
2 – zwei Tage/Wochen/Monate Ferien
3 – drei Gramm/Pfund/Kilo Reis
4 – fünf Paar Strümpfe
5 – zwanzig Mark / Euro / Dollar / *mais :* zwanzig Francs
6 – zehn Blatt Papier
7 – Er schreibt auf Papierblättern.

8 – vier Stück Kuchen.

9 – Wer hat diese Stücke hergestellt?

10 – sieben Flaschen Bier (*Flasche* = féminin polysyllabique)

11 – sieben Bierflaschen

12 – drei Tassen Kaffee (*Tasse* = féminin polysyllabique)

13 – Wir sind fünf Mann.

14 – Wir sind fünf Männer.

133 Kann ich / Darf ich noch etwas Milch haben?

134 Der Geschmack der Verbraucher ändert sich von Jahr zu Jahr völlig. / Der Verbrauchergeschmack verändert sich völlig von einem Jahr aufs andere / von einem Jahr zum anderen.

135 1 – Jean-Baptiste interessiert sich für mehrere Sportarten.

2 – Techno und Rave – das ist Musik, die in den neunziger Jahren / in den Neunzigern entstanden ist.

136 Die Streitigkeiten gipfelten in einer Schlägerei / haben... gegipfelt.

137 Die öffentlichen Gewalten haben großen Einfluss/ einen großen Einfluss auf das Leben der Bürger.

138 Um vor der Wiedervereinigung von der Bundesrepublik (Deutschland) / von der BRD nach Berlin zu reisen, durchquerte man einen... / fuhr man durch einen großen Teil DDR-Gebiet / des Gebiets der DDR, es sei denn, man flog.

139 Dieses Reisebüro bietet sehr billige Flugtickets nach Kanada an.

140 1 – Die Luft wird durch Autos / durch die Autos verschmutzt.

2 – Darf ich / Kann ich heute Abend dein Auto / deinen Wagen nehmen?

141 Seit wann sucht Gerhard eine Arbeit?

142 Ältere Arbeitslose haben es sehr schwer, einen neuen Arbeitsplatz zu finden. / Ältere Arbeitslose haben große Schwierigkeiten, eine neue Stelle / eine neue Arbeitsstelle zu finden.

143 Die Naturschützer plädieren für strikte Maßnahmen zum Umweltschutz / ... für strikte umweltschützende Maßnahmen.

144 Dass sie reich sind... / Die Tatsache, dass sie reich sind, bedeutet überhaupt nicht / bedeutet gar nicht, dass sie auch glücklich sind.

145 Man spricht noch immer von dem Mord an Präsident Kennedy. / Von dem Mord an Präsident Kennedy wird immer noch gesprochen.

146 Es werden beim Aufbau Europas immer mehr Fortschritte gemacht. / Beim Aufbau Europas werden immer mehr Fortschritte gemacht. / Man macht beim Aufbau Europas immer mehr Fortschritte.

147 Der Verfasser übt Kritik am sozialen Verhalten der Eltern. / Der Autor kritisiert das soziale Verhalten der Eltern.

148 Der Nürnberger Weihnachtsmarkt ist sehr berühmt.

149 Hoffentlich besiegen die Ärzte eines Tages diese Krankheiten. / Hoffentlich werden die Ärzte diese Krankheiten eines Tages besiegen.

150 Das Risiko eines atomaren Unfalls besteht in der radioaktiven Verseuchung.

151 1 – Unserem Chemielehrer ist schon wieder ein Experiment misslungen / nicht gelungen/geglückt. / Es ist unserem Chemielehrer wieder ein Experiment misslungen.

2 – Du musst deine langjährige Berufserfahrung / berufliche Erfahrung besser zur Geltung bringen.

152 Sie wandten sich / Sie richteten sich mit ihrem Produkt / mit ihrem Erzeugnis an eine Werbeagentur. / Sie haben sich... gewandt/gerichtet.

153 Hast du gestern Abend den polnischen Fernsehfilm gesehen?

154 1 – Kinder verfügen oft über mehr Fantasie als Erwachsene.

2 – Wie stellst du dir deine idealen Ferien vor?

3 – Das ist ein Hypochonder. Er bildet sich ein, alle Krankheiten der Welt zu haben.

155 Wie heißt der Verfasser / der Autor dieses Werkes?

156 An dem Gymnasium, auf das ich gehe / zu dem ich gehe, / Auf dem Gymnasium, das ich besuche, sind (gibt es) etwa/ca./ungefähr dreißig Lehrer.

157 Ich hoffe, deine Entscheidung bringt dir Glück. / Ich hoffe, dass dir deine Entscheidung Glück bringt.

158 Trotz der Chancen, die er anfangs / am Anfang / zu Anfang zu haben schien, hat er schließlich doch / hat er letztlich doch kein Glück gehabt.

159 Nachdem ich über das Für und Wider nachgedacht habe, würde ich sagen, dass ich gegen Abtreibung bin.

160 1 – Ich danke dir dafür, dass... / Ich danke dir, dass du mir diesen Gefallen getan hast / diesen Dienst erwiesen hast.

2 – Benoît hat seinen Wehrdienst in Deutschland geleistet.

3 – Diese neue Anweisung betrifft alle Abteilungen unseres Unternehmens / unseres Betriebs / unserer Firma.

4 – Unsere Sekretärin hat bis achtzehn Uhr Dienst.

5 – Der Automat ist seit gestern außer Betrieb.

161 1 – Frau Pelzer geht oft in dieses Geschäft, weil es dort / weil es da eine sehr große Auswahl gibt.

2 – Sie haben keine Wahl!

3 – Ich habe meine Wahl getroffen : Ich studiere weiter. / Ich werde mein Studium fortsetzen.

162 1 – Im Sommer verbrauchen wir nur wenig Strom. Im Gegensatz dazu verbrauchen wir im Winter umso mehr.

2 – Du tust / Du machst das Gegenteil von dem, was du sagst.

3 – Im Gegenteil, ich tue / ich mache immer, was ich sage.

163 1 – Europa besteht nicht nur aus der Europäischen Union.

2 – Er wohnt in der Schweiz / in Portugal / im Iran / in der ehemaligen Sowjetunion / in Russland / in den Vereinigten Staaten / in Belgien / in Kanada / in den Niederlanden / in der Ukraine / in Italien / in Deutschland / in der Bundesrepublik Deutschland.

164 Wie klein doch die Welt ist!

165 Wie groß ist der Preisunterschied / der preisliche Unterschied zwischen diesen zwei Angeboten / den beiden Angeboten?

166 Er bat ihn/sie darum, das Bild an die Wand zu hängen. / Er hat ihn/sie gebeten, das Bild an der Wand aufzuhängen.

167 Am Ende der Geschichte rettet der Held das Mädchen.

168 In den letzten Jahren hat sich das Image der Firma / des Betriebs / des Unternehmens verschlechtert.

169 Immer mehr Menschen können es sich leisten / können es sich erlauben, ein Luxusleben zu führen.

170 Dieses Gedicht wurde nach dem Tod des Verfassers veröffentlicht.

171 Wie viel hat der neue Rasierapparat gekostet? / Wie teuer war der neue Rasierapparat?

172 Dieses Land stellt gegenwärtig / im Moment / momentan / derzeit / zurzeit keine Gefahr / keinerlei Gefahr für Touristen dar.

173 Das tausendste Mitglied gewinnt eine Reise.

174 1 – Alles dreht sich um Geld / ums Geld.

2 – Die Sonne und der Mond sind keine Planeten.

175 Ich habe den Eindruck, das alles schon einmal erlebt zu haben. / Ich habe den Eindruck, dass ich all das schon erlebt habe.

176 Die Kaufkraft der Deutschen Mark war gesunken / hatte abgenommen.

177 Das Parlament hat dieses überflüssige Gesetz abgeschafft.

178 Der ganze Verkehr wurde durch den Streik / durch die Streiks blockiert.

179 1 – München hat über eine Million Einwohner.

2 – Der deutsche Staat ist mit über eine Billion Euro verschuldet. / Der deutsche Staat hat mehr als eine Billion Euro Schulden.

180 Die PDS ist die Nachfolgerin / die Nachfolgepartei der SED (génitif).

181 Auf den Autobahnen nach Berlin gibt es ständig/andauernd Staus.

182 Die Politiker diskutieren über die Frage, wie man Gewalt gegen Ausländer bekämpfen kann / wie Gewalt gegen Ausländer bekämpft werden kann.

183 Hast du das Interview des *Spiegel* / der *Welt* (ou bien : das *Spiegel*-Interview / das *Welt*-Interview) mit dem Kanzler gelesen?

184 Auf dem Foto, das ich gemacht habe, ist meine ganze Familie (zu sehen) / kann man meine ganze Familie sehen.

185 Sie dürfen bei der Arbeit nicht rauchen.

186 Kennen Sie einige deutsche Schriftsteller des 19. Jahrhunderts?

187 In seinem Leben spielt Ordnung eine große Rolle.

188 Sie begehen einen großen Irrtum, wenn Sie ihnen nicht vertrauen.

189 Die Experten erwarten für kommendes Jahr / für das kommende Jahr einen spürbaren wirtschaftlichen Aufschwung.

190 Was sind / Welches sind die Gründe für Ihre Entscheidung?

191 Sie wurde Opfer eines Verbrechens. / Sie fiel einem Verbrechen zum Opfer.

192 Nimmt die Zahl der Obdachlosen weiter zu? / Nimmt die Obdachlosenzahl weiter zu? / Erhöht sich die Zahl / Steigt die Zahl der Obdachlosen weiter?

193 Der Bau der Berliner Mauer (génitif) ereignete sich am / erfolgte am 13. August 1961. / Der Berliner Mauerbau fand am 13.8.1961 statt.

194 Wir haben in der Deutschstunde / im Deutschunterricht einen neuen Text durchgenommen/behandelt.

195 Manche Leute sollen noch nie / sollen angeblich noch nie im Leben einen Brief geschrieben haben. / Manche Leute haben in ihrem Leben angeblich noch nie einen Brief geschrieben.

196 Was ist das beste Mittel zur Bekämpfung von Rassismus?

197 Wie lange hat der Erste Weltkrieg gedauert?

198 Unser Nachbar hat sich einen neuen BMW gekauft.

199 Das Ende seiner Briefe ist immer sehr spannend.

200 Da unser/euer/ihr Lehrer nicht da ist, findet seine Stunde / sein Unterricht / seine Unterrichtsstunde nicht statt.

201 Er wird noch lange ein großer Staatsmann bleiben.

202 Ihr erster Tag / ihre guten Freunde / seine blauen Augen / in deinem alten Haus.

203 Kasparow wurde lange als der beste Schachspieler der Welt betrachtet/angesehen.

204 Viele Leute können nicht warten. Sie haben nicht viel Geduld.

205 Ich kenne einige Westdeutsche, aber keine Ostdeutschen.

206 1 – Sind alle eure Freunde / eure Freunde alle zur Hochzeit gekommen/erschienen? (L'adjectif possessif *eure* ne porte pas la marque *-en* parce qu'il ne dépend pas de *alle*. Il s'agit de deux déterminants équivalents et indépendants.)

2 – Und das ist nicht alles!

207 Können wir nicht mit etwas Leichterem anfangen?

208 Der arme Junge verdient wirklich (etwas) Besseres.

209 1 – Haben Sie eine Tochter oder einen Sohn? — Beides.

2 – Nehmen Sie die blaue Lampe oder die rote? — Beide.

3 – Spielen Sie lieber Fußball oder Rugby? — Ich spiele beides gern.

4 – Denken Sie an Leo oder Lea? — An beide.

5 – Denken Sie an Bonn oder Paris? — (An) beides.

210 Welches ist der beste Roman, den Sie kennen?

211 Diese schöne Wohnung ist schon/wohl einen Umzug wert.

212 In den dreißiger Jahren / In den Dreißigern hat es eine weltweite Wirtschaftskrise / Weltwirtschaftskrise gegeben.

213 Viele Nordeuropäer verbringen ihre Ferien im Süden.

214 Auf welche Art (und Weise) kann man das Rätsel lösen? / Auf welche Weise kann das Rätsel gelöst werden?

215 Wilhelm I. und Wilhelm II. (Wilhelm der Erste und Wilhelm der Zweite) waren deutsche Kaiser.

216 Hat dieses neue Gesetz für uns mehr Vor- oder Nachteile?

217 Es ist äußerst/extrem wichtig, dass Sie beim Fahren nicht einschlafen. / dass Sie nicht einschlafen, während Sie fahren.

218 Herr Müller hat eine große Summe von seinem Bankkonto abgehoben.

219 Gewisse/Bestimmte/Manche Leute meinen/denken, früher sei alles besser gewesen / dass früher alles besser war / gewesen sei.

220 Du kannst doch nicht alle Bücher auf einmal lesen.

221 Das Wetter war letzte Woche in ganz Deutschland schön.

222 Er geht jeden Tag / jede Woche / jeden Montag / jeden Monat dorthin/dahin.

223 Mein Freund hat einen Monat (lang) in Bremen gearbeitet.

224 Ostern möchten... / Nächstes Jahr Ostern möchten die Kinder die Eier selbst/selber bemalen/anmalen.

225 Sie bleibt morgens/mittags/abends/nachts/montags immer zu Hause.

226 Ich habe heute Nachmittag bei dir angerufen.

227 1 – Diese Woche hat niemand die richtigen Lottozahlen gefunden.

2 – Der Mensch ist gut. / Der Mensch ist schlecht.

3 – Er gibt nie falsche Antworten.

228 Wir haben selten so etwas Leckeres gegessen.

229 1 – Sie freut sich sehr über die Blumen, die ihr Mann ihr geschenkt hat.

2 – Die Kinder freuen sich, dass... / freuen sich darauf, dass bald Weihnachten ist.

230 1 – Dieser Schriftsteller ist den Westdeutschen nicht sehr bekannt.

2 – Ich habe ihn nur oberflächlich gekannt. / Ich kannte ihn nur oberflächlich. / Er war mir nur oberflächlich bekannt.

231 Der bayerische Ministerpräsident hat heftige/strenge/starke Kritik an der Europapolitik des Bundeskanzlers geübt / ... hat die Europapolitik des Bundeskanzlers heftig/streng/stark kritisiert.

232 1 – Udo ist der einzige, der regelmäßig Sport treibt.

2 – Er hat einige Bemerkungen über die Stasi gemacht.

3 – Die Zeugen wurden einzeln verhört.

4 – Sie streiten sich oft. Sie sind sich nie einig.

233 Ulf ist ein Mann, der allein ist und allein bleiben will. Ulf ist ein einsamer Mann / allein stehender Mann, der allein bleiben will.

234 Es ist nicht gut, dass/wenn sich Kinder Gewaltszenen am Fernsehen anschauen/ansehen.

235 Wie lange wird dieses katastrophale Wetter noch (an)dauern?

236 Was ist / Welches ist Ihr Lieblingssport?

237 Ein verantwortungsvoller Fahrer/Autofahrer schnallt sich immer an / legt immer den Sicherheitsgurt an.

238 Ich bin nicht schuld daran / Es ist nicht meine Schuld, dass er vom/vor Gericht schuldig gesprochen wurde / gesprochen worden ist.

239 Die Leute sind sich ihres umweltschädlichen Verhaltens nicht immer bewusst.

240 Er ist so sensibel, dass er selbst für (die) geringste Kritik empfänglich ist.

241 1 – Seine Leitung ist immer besetzt, wenn man ihn anrufen will. Er muss sehr beschäftigt sein.

2 – Seit er nicht mehr bei Wagner beschäftigt ist, beschäftigt er sich / befasst er sich mehr mit seinen Kindern. / ..., kümmert er sich mehr um seine Kinder.

242 Es ist völlig/ganz/vollkommen unnütz, über dieses Thema zu streiten.

243 Christa ist die drittbeste Schülerin (in) ihrer Klasse.

244 Ich habe das Abi(tur) auf/an einem Stuttgarter Gymnasium abgelegt. Ich habe auf/an einem Stuttgarter Gymnasium Abitur gemacht.

245 Die Wissenschaftler haben bemerkenswerte Fortschritte gemacht.

246 Theoretisch / In der Theorie erscheint das interessant. Aber praktisch / in der Praxis wird das nicht machbar sein.

247 Ich habe an deinen freundschaftlichen Gefühlen noch nie gezweifelt.

248 1 – Die Handelsbeziehungen zwischen diesen beiden Ländern werden immer komplizierter.

2 – Er ist jünger/stärker/schlanker (sans *umlaut*) / ärmer als ich.

3 – Wer von euch kann / Wer von Ihnen kann am besten lesen?

4 – Ich nehme den kürzesten Weg.

249 Man isst hier nicht so gut wie im Restaurant gegenüber.

250 Du wirst früher oder später verstehen, dass er Recht hat.

251 Füllen Sie den Fragebogen bitte möglichst sorgfältig / so sorgfältig wie möglich aus.

252 Die Besucher dieses Museums sind meist(ens) junge Leute.

253 Sein momentaner/gegenwärtiger/derzeitiger Zustand ist schlimmer/schlechter denn je.

254 Sind Sie je(mals) in China gewesen? Sind Sie schon einmal nach China gereist/geflogen/gefahren? — Nein, noch nie.

255 Waren Sie noch nie in Deutschland? / Sind Sie noch nie in Deutschland gewesen? / Sind Sie noch nie nach Deutschland gefahren/gereist?

256 1 – Er ist (weg/fort)gegangen, ohne (irgend) jemandem auf Wiedersehen zu sagen. / Er ist gegangen, ohne sich von (irgend) jemandem zu verabschieden.

2 – Alle gehorchen ihnen / Jeder gehorcht ihnen, ohne jemals Fragen zu stellen.

257 Wenn die Blumen (immer) noch trocken sind, gießen Sie sie noch einmal.

258 1 – Bist du trotz der guten Note immer noch nicht zufrieden?

2 – Sie sagen immer das Gleiche / immer dasselbe.

3 – Ich verstehe dich nicht immer.

4 – Obwohl es spät ist, ist er immer noch im Büro.

259 1 – Diese Tapete ist teuer, und außerdem gefällt sie mir nicht gut.

2 – Nehmen Sie die erste Straße links und dann die zweite rechts.

260 Ich bin auch schon (einmal) nach China gefahren. / Nach China bin ich auch schon (einmal) gereist. / In China bin ich auch schon (einmal) gewesen. / Ich war auch schon (einmal) in China.

261 Dieses Auto ist schön, deshalb/also/daher kostet es viel.

262 1 – Helmut hat für dieses Gemälde viel zu viel gezahlt.

2 – Dieses Kleid gefällt mir sehr.

3 – Er liest viel.

4 – Sie ist viel jünger als du.

5 – Ich fühle mich sehr allein.

263 1 – In Asien ist das Leben ganz anders als in Europa.

2 – Tom und Tobias haben verschiedene Meinungen.

3 – Er hat über verschiedene Autoren gesprochen.

264 Laden wir zu der Feier dieselben Leute ein wie letztes Jahr? / Laden wir dieselben Leute wie letztes Jahr zur Feier ein?

265 Haben Sie uns (noch) nicht einmal etwas von Ihrer Reise mitgebracht?

266 Der Kranke kann sich kaum bewegen. Stoßen Sie ihn bloß/ja/nur nicht (an)!

267 Sie können auch da hineingehen.

268 Hier wurde ich (bin ich) geboren und hierher komme ich immer wieder zurück.

269 1 – Wenn die Ferien vorbei sind, fahren wir wieder nach Hause.

2 – Ich bin fertig!

270 1 – Früher gingen Mädchen abends nicht ganz allein aus.

2 – Du hättest das vorher sagen sollen / sagen müssen.

3 – Sie ist um elf (Uhr) ins Bett gegangen / um elf (Uhr) schlafen gegangen. Sie hat sich vorher die Zähne geputzt.

4 – Benachrichtigen Sie mich, / Geben Sie mir Bescheid, / Sagen Sie mir Bescheid, bevor Sie ankommen/kommen.

5 – Benachrichtigen Sie mich vor Ihrer Ankunft. / Geben Sie / Sagen Sie mir vor Ihrer Ankunft Bescheid.

271 Ich brauche ungefähr / ca. / etwa hundert Exemplare.

272 1 – Ich kann bei diesem Krach nicht schlafen, denn ich bin ihn nicht gewohnt. / ... Ich bin nämlich nicht daran gewöhnt.

2 – *Er :* « Wir haben keinen Strom mehr. » — *Sie :* « In der Tat. Wir haben keinen Strom mehr. Das Radio geht nämlich nicht mehr. » / (ou bien :) *Sie :* « Wir haben tatsächlich keinen Strom mehr, denn das Radio läuft nicht mehr. »

273 Sie kann mit niemandem sprechen, denn sie ist ganz allein. / ... Sie ist nämlich ganz allein.

274 Eine bessere Gelegenheit hat es wahrscheinlich noch nie gegeben.

275 Sie kommen zwar nicht pünktlich, aber gerade noch rechtzeitig.

276 Wenn du zumindest / wenigstens bereit wärest, ein billigeres Hotel zu nehmen, würden wir mindestens die Hälfte sparen.

277 1 – Jetzt werde ich in Ruhe (die) Zeitung lesen.

2 – Haben Sie ruhige Ferien verbracht? / Haben Sie ruhigen Urlaub verbracht?

278 Dummerweise habe ich meinen Schlüssel zu Hause vergessen.

279 Kann man jetzt schon Kartoffeln pflanzen? Können jetzt schon Kartoffeln gepflanzt werden?

280 1 – Schließlich kann man noch hinzufügen, dass... / Schließlich kann noch hinzugefügt werden, dass...

2 – Endlich sind wir wieder da!

281 Heute vor einem Jahr ist er nach Japan / in die Schweiz ausgewandert / emigriert.

282 Können Sie ein anderes/weiteres Beispiel dafür nennen/anführen?

283 Die Ursache für diesen Unfall ist noch nicht gefunden worden.

284 Er kann heute aus gesundheitlichen Gründen nicht zur Arbeit gehen.

285 1 – Dieser Herr hat viel/großes Interesse an unserem Vorhaben/Projekt gezeigt.

2 – Interessierst du dich sehr für Sport?

3 – Ich bin an Ihrem Angebot nicht interessiert.

286 Hast du denn gar/überhaupt keinen Respekt vor alten Leuten?

287 Der Kaiser hatte Angst vor seinen mächtigen Feinden und um das Wohlergehen seines Landes.

288 Er erkennt keinen Unterschied zwischen diesen beiden/zwei Wörtern.

289 Wie viele von euch helfen ihren Eltern im Haushalt / bei der Hausarbeit?

290 Deutschland ist im Unterschied zu Frankreich ein Bundesstaat.

291 1 – Christinas Meinung/Ansicht nach ist Fußball kein Sport für Frauen.

2 – Laut einer neuesten Umfrage gibt es immer weniger Raucher. / Einer neuesten Umfrage nach/gemäß gibt es immer weniger Raucher.

292 Durch dich (Dank dir) hat die Katastrophe vermieden werden können. / Durch dich konnte die Katastrophe vermieden werden.

293 Durch die / Augrund der / Wegen der Arbeitslosigkeit gibt es immer mehr soziale Konflikte.

294 1 – Sie hat ihren Freund vor einem Monat kennen gelernt und ist noch (immer) mit ihm zusammen.

2 – Als ich die gute Nachricht erfahren habe / ... Nachricht erfuhr, war ich zu Hause mit meiner Familie zusammen / zu Hause zusammen mit meiner Familie / war ich zusammen mit meiner Familie zu Hause.

295 1996 fanden die Olympischen Spiele in Atlanta statt. / 1996 hat die Olympiade in Atlanta stattgefunden.

296 Viele deutsche Jugendliche treiben sich nach Schulschluss / lungern nach Schulschluss auf der Straße herum.

297 Im sozialen Bereich hat sich seit der Wiedervereinigung sehr viel verändert / geändert / gewandelt.

298 Ich habe hier einen Text auf Deutsch, der ins Französische übersetzt werden muss.

299 Trinken Sie das Bier lieber aus der Flasche oder aus einem Glas? / Ziehen Sie es vor, das Bier aus der Flasche oder aus einem Glas zu trinken?

300 Bis jetzt / Bisher / Bislang hat niemand eine wirksame Lösung (des Problems) der Arbeitslosigkeit gefunden.

301 Sie sind auf der Suche nach dem Weg zum Glück / Paradies.

302 Ihre Eltern haben noch eine andere Auffassung / Vorstellung von gesellschaftlichen Pflichten.

303 Sollen wir bei mir bleiben oder zu Ihnen gehen?

304 Soll ich Sie vom Flughafen abholen?

305 Mutti, darf ich heute ins Kino (gehen)?

306 1 – Die Temperatur ist von zehn auf elf Grad gestiegen. / Die Temperatur hat sich... erhöht.

2 – Unser Geschäft ist von Montag bis Freitag geöffnet.

307 1 – Die Zahl der Teilnehmer / Die Teilnehmerzahl hat sich um zwei von sieben auf neun erhöht. / ... ist um zwei... gestiegen.

2 – Sein Lohn / Gehalt ist um fünf Prozent erhöht worden.

308 Sogar/Auch im Alter von siebzig Jahren (Sogar/Auch mit siebzig Jahren / Auch mit Siebzig) fühlte sich ihr Großvater noch jung.

309 Der Zugang ist Kindern unter dreizehn Jahren verboten.

310 Die Europäer haben es immer schwerer, mit den Japanern zu konkurrieren.

311 1 – Ich wohne in einer kleinen Stadt / Kleinstadt bei Paris / in der Nähe von Paris.

2 – Die Ile de Ré liegt bei La Rochelle.

312 Haben Sie einen Ausweis bei sich?

313 1 – Was für ein Text ist das? (Le sujet *ein Text* est au nominatif !)

2 – In was für einem Zug bist du nach Trier gereist / gefahren?

314 Eltern haben die Pflicht, ihre Kinder vor jeder Gefahr zu schützen.

315 1 – Die Touristen litten sehr unter der Hitze. (haben... gelitten.)

2 – Da sie oft an Kopfschmerzen leidet, hat sie immer Tabletten zur Hand / in Reichweite.

316 Im Vordergrund des Bildes steht / ist ein Baum.

317 Es passieren seltsame/merkwürdige Dinge in letzter Zeit / in der letzten Zeit.

318 Ich bin als Kind in Deutschland angekommen / nach Deutschland gekommen. Das ist schon dreißig Jahre her.

319 1 – Er wird nicht auf uns hören, sondern etwas anderes tun.

2 – Hör mir zu / Höre mir zu, wenn ich spreche!

320 Anstatt (an)dauernd / ständig Schallplatten/Platten zu hören, solltest du lieber mir zuhören.

321 1 – Er spricht immer so leise, dass ich ihn kaum verstehe.

2 – Hast du heute Nacht den Donner / das Donnern gehört?

322 Haben Sie schon (einmal) von der Hannovermesse gehört?

323 1 – Wenn dir jemand davon erzählt, sage/gib mir bitte Bescheid.

2 – Ich spreche nicht mehr mit dir.

3 – Heute Abend spricht der Kanzler über die Lage des Landes. / Heute Abend wird der Kanzler über die Lage des Landes sprechen.

4 – Darf ich / Kann ich Sie kurz sprechen? / Darf ich / Kann ich kurz mit Ihnen sprechen?

5 – Oma, erzähl uns vom Krieg! / Großmutter, erzähle uns vom Krieg!

324 Wie oft soll ich Ihnen noch sagen, dass Ihre Anwesenheit nötig / notwendig / erforderlich ist.

325 Die Freizeit nimmt in unserer Gesellschaft einen immer größeren / immer wichtigeren Platz ein.

326 1 – Haben Sie endlich eine Entscheidung getroffen?

2 – Nicht alle Maßnahmen, die gegen die Arbeitslosigkeit getroffen werden / ergriffen werden, sind wirksam.

327 Während ihrer Unterhaltung tranken sie einen Kaffee. / ... haben sie einen Kaffee getrunken.

328 1 – Da deine Kopfschmerzen andauern, solltest du vielleicht noch eine Tablette nehmen.

2 – Wir nehmen alle unsere Produkte innerhalb von acht Tagen nach dem Kauf (wieder) zurück.

329 Nach dem Spiel sind die Spieler duschen gegangen.

330 Sind Sie schon einmal mit dem Zug nach Moskau gefahren/ gereist?

331 Unser Großvater ist noch nie geflogen.

332 Die Menschen nehmen den Tieren den Lebensraum (weg).

333 Sie sollten nicht so lange zögern, sondern schon jetzt eine Wahl treffen.

334 Dietmar (datif) ist es schwer gefallen / Dietmar (datif) fiel es schwer, sich auf Englisch verständlich zu machen / sich auf Englisch zu verständigen.

335 1 – Sie tun mir weh! Hören Sie auf (damit)!

2 – Was kann man tun / Was kann getan werden, um Aids zu stoppen?

336 Hören Sie auf, mir Vorwürfe zu machen!

337 Die Touristen haben in unserem Hotel nicht Halt gemacht.

338 1 – Es hat zu regnen aufgehört. / Es hat aufgehört zu regnen.

2 – Da niemand mit Florent ins Theater gehen wollte, ging er schließlich allein (hin). / Da niemand mit Florent ins Theater hat gehen wollen, ist er schließlich allein (hin)gegangen.

339 1 – Wir schauten/sahen zu einem Berg hinauf, der zweitausend Meter hoch gewesen sein mag / ... der vielleicht zweitausend Meter hoch war / ... der zweitausend Meter hoch sein mochte.

2 – Da er einen Anruf / Telefonanruf erwartete / Da er auf einen Anruf wartete, konnte er nicht weg(gehen).

3 – Das könnte klappen. / Das könnte gehen. / Das könnte hinhauen (familier).

340 1 – Ihr Sohn konnte schon mit einem Jahr laufen/gehen.

2 – Ausländer können sich nicht immer gegen (die) Angriffe von Ausländerfeinden wehren.

341 Claudia (nominatif) hat es nicht geschafft / Claudia (datif) ist es nicht gelungen, pünktlich zum Unterricht zu kommen.

342 1 – Frédéric hat die feste Absicht, es im Leben zu etwas zu bringen.

2 – Sie sind (sich) sicher, dass sie das Abitur schaffen.

3 – Unser Nachbar hat es nicht geschafft, das Dach vor Einbruch des Winters zu reparieren. / Unserem Nachbarn ist es nicht gelungen, das Dach vor Einbruch des Winters zu reparieren.

4 – Diesmal ist ihm seine Rede / Ansprache nicht wirklich gelungen.

5 – Ich schaffe es nicht. / *(ou, dans un style un peu plus littéraire :)* Es gelingt mir nicht.

343 Er ergriff schreiend die Flucht, als die Schlange angekrochen kam.

344 1 – Ich höre nicht gern Musik beim Arbeiten / während ich arbeite.

2 – Die Bauern erzählten sich Geschichten, während/als sie auf den Feldern hart arbeiteten.

3 – Sie möchten sparen, indem sie weniger unnütze Dinge kaufen.

345 Heinz könnte es schaffen, wenn er nur wollte.

346 1 – Ich muß sofort gehen.

2 – Alle Menschen haben das Bedürfnis, geliebt zu werden.

347 1 – Der Kranke durfte nicht das Bett verlassen. / Der Kranke hat das Bett nicht verlassen dürfen. / Der Kranke durfte nicht aus dem Bett.

2 – Der Kranke musste nicht im Bett bleiben. / Der Kranke brauchte nicht im Bett zu bleiben.

348 1 – Die Polizei muss (musste) ihn für den Schuldigen gehalten haben.

2 – Er musste so früh gehen / Er hat so früh gehen müssen / Er musste so früh fort / Er musste so früh weg (= familier) / Er musste so früh los (= familier), weil er eine Verabredung / einen Termin hatte.

349 Da ich Pferde mag, reite ich auch gern.

350 Trotz alledem / Trotz allem bist du weiter(hin) mein Freund.

351 1 – Niemand kann ihn daran hindern, das zu tun/machen, was er für richtig hält.

2 – Die Polizei tut alles, um das durch einen anonymen Brief angekündigte Attentat zu verhindern. / ..., um das Attentat zu verhindern, das durch einen anonymen Brief angekündigt worden ist. / ..., um das Attentat, das durch einen anonymen Brief angekündigt worden ist, zu verhindern.

352 1 – Seitdem ihr Kollege sie kritisiert hatte, mied sie ihn / wich sie ihm aus (..., hat sie ihn gemieden / ist sie ihm ausgewichen).

2 – Er vermeidet jeden Kontakt mit seinem Gegner.

353 Sein Umzug hatte ihre endgültige Trennung zur Folge (... hat ihre endgültige Trennung zur Folge gehabt).

354 1 – Beeile/Beeil dich und vergiss nicht deine Sachen! / ... und vergiss deine Sachen nicht!

2 – Beeilen Sie sich und vergessen Sie nicht Ihre Sachen! / ... und vergessen Sie Ihre Sachen nicht!

355 Den Kranken (datif pluriel) kann leider nicht geholfen werden.

356 1 – Da sie nicht aufgepasst / Acht gegeben hat, ist ihr die Handtasche gestohlen worden / ..., hat man ihr die Handtasche gestohlen. / Da sie nicht aufpasste / Acht gab, wurde ihr die Handtasche gestohlen / ..., stahl man ihr die Handtasche.

2 – Er lässt sich seine Zeitung nach Hause liefern.

357 Ich sass eine Stunde (lang) im Wartezimmer, bis der Arzt mich endlich (auf)rief. / Ich habe eine Stunde (lang) im Wartezimmer gesessen, bevor der Arzt mich endlich (auf)gerufen hat.

358 Können Sie lesen, was auf dem Plakat steht?

359 Jetzt/Nun wird geschlafen, Kinder!

360 Fräulein Blum macht selten Fehler. Hinzuzufügen ist, dass sie sehr fleißig ist.

361 1 – Es heißt / Es wird gesagt / Man sagt, die neue Autobahn werde neben diesem Wald verlaufen. / Es heißt, dass / Man sagt, dass / Es wird gesagt, dass die neue Autobahn an diesem Wald vorbeilaufen werde/wird. / Die neue Autobahn soll neben diesem Wald verlaufen.

2 – Es scheint, dass die Krise endlich überwunden / überstanden ist. / Es scheint, die Krise ist endlich überwunden / überstanden.

3 – Er ist erst siebzehn (Jahre alt), das heißt (d.h.), dass er minderjährig ist. / ..., dass heißt, er ist minderjährig.

362 Wenn Sie die Bedingungen etwas ändern / ein wenig ändern / ein Bisschen ändern, erscheint mir der Vertrag annehmbar/akzeptabel. / Wenn Sie die Bedingungen etwas ändern, scheint mir der Vertrag annehmbar zu sein.

363 1 – Er bemüht sich / gibt sich Mühe / strengt sich an, intelligent zu erscheinen, indem er alles auswendig lernt. / Er bemüht sich, dadurch intelligent zu erscheinen, dass er alles auswendig lernt.

2 – Was ist mit dir (los)? / Was ist (los) mit dir? Du siehst traurig aus.

364 jemandem einen Preis / Geld bieten, jemandem eine Zigarette anbieten.

365 1 – Wenn man keine Uhr trägt, muss man oft andere nach der Uhrzeit/Zeit fragen.

2 – Dieses Geschäft ist von Mittag bis zwei Uhr / von Zwölf bis Zwei, d.h. (= das heißt) zwei Stunden lang, geschlossen.

366 1 – Diese Arbeit erfordert viel Geschick.

2 – Sie fordern eine Lohnerhöhung / eine Gehaltserhöhung.

3 – Um den Verkauf dieses Produkts zu fördern, muss Werbung gemacht werden. / ..., muss man Werbung machen.

4 – Er ist (schon) lange her, dass ich befördert worden bin.

5 – Da er morgen seine Prüfung ablegt / macht, muss er ermutigt werden. / ..., müssen wir ihn ermutigen.

367 1 – Er stellte sich (D) die Hölle als/wie (ein) ewiges Feuer vor.

2 – Dieser Text stellt einen Auszug aus einem Theaterstück dar.

3 – Der Direktor hat sich von einem seiner Angestellten vertreten lassen.

4 – Wenn du auf dem Fest / auf der Feier ankommst, vergiss nicht, dich dem Gastgeber vorzustellen.

368 Diese Entdeckung hat neue Probleme bereitet.

369 1 – Er gab seinen Arbeitsplatz / seine Arbeitsstelle / seine Stelle auf, um sein eigenes Unternehmen / seinen eigenen Betrieb / seine eigene Firma zu gründen. / Er hat seinen Arbeitsplatz aufgegeben, um...

2 – Diesen Monat sind / In diesem Monat sind fünfzigtausend neue Arbeitsplätze geschaffen worden.

3 – Sie haben alle das Abitur geschafft.

370 Das Gesetz wurde abgeschafft / Das Gesetz ist abgeschafft worden, kurz nachdem es verabschiedet worden war.

371 Ihre Lage / Ihre Situation war so schwer zu ertragen / auszuhalten, dass sie (zur) Alkoholikerin wurde / geworden ist.

372 1 – Er übt den Beruf Bäcker / den Beruf eines Bäckers aus.

2 – Um es schneller zu schaffen, musst du üben. / Damit es dir schneller gelingt, musst du üben.

373 Der Hund ist seinem Herrchen bis zur Arbeit gefolgt. / Der Hund folgte seinem Herrchen bis zur Arbeit.

374 Sie ist im Ausland noch nie(mals) auf Sprachschwierigkeiten / sprachliche Schwierigkeiten gestoßen.

375 Letzten Sommer / Im letzten Sommer kannten sie sich noch nicht. Sie haben sich nämlich erst im Herbst kennen gelernt. / Denn sie haben sich erst im Herbst kennen gelernt.

376 Wie viele Sprachen können Sie? / Wie viele Sprachen sprechen Sie?

377 Anfang der neunziger (90-er) Jahre / Anfang der Neunziger hat die Welt eine Wirtschaftskrise / wirtschaftliche Krise erlebt.

378 1 – Waren Sie schon (einmal) in Berlin? / Sind Sie schon (einmal) in Berlin gewesen? / Sind Sie schon mal nach Berlin gefahren?

2 – Kennst du gut Bonn? Kennst du (die Stadt) Bonn gut? / Kennst du dich (gut) in (der Stadt) Bonn aus?

379 Hast du Zeit, das Mittagessen zuzubereiten / zu machen, oder soll ich es tun/machen?

380 1 – Ich habe (die Neuigkeit) erfahren, dass es bald eine Lohnerhöhung gibt / gebe / geben wird / geben werde. / Ich habe erfahren, es gebe bald eine Lohnerhöhung / es werde bald eine Lohnerhöhung geben.

2 – Sein Rechtsanwalt hat ihm mitgeteilt, dass der Prozess gewonnen ist. / Sein Anwalt teilte ihm mit, der Prozess sei gewonnen.

3 – Ihr Lehrer hat ihnen beigebracht, wie man sehr leserlich schreibt. / ... hat ihnen sehr leserliches Schreiben / eine sehr leserliche Schrift beigebracht. / ... hat ihnen beigebracht, sehr leserlich zu schreiben. / *vieilli/littéraire :* hat sie sehr leserlich schreiben gelehrt.

4 – Unser Kind hat gerade/soeben gelernt, Farben zu unterscheiden.

381 1 – Hast du dir gestern Abend den deutschen Film im Ersten Programm angesehen? / Hast du gestern Abend im Ersten (Programm) den deutschen Film gesehen?

2 – Ich habe keine Lust fernzusehen. / *familier :* Fernsehen zu gucken.

382 1 – Wie die Zeiten sich geändert haben! / Wie sich die Zeiten (doch) geändert haben!

2 – Dieser Schüler hat oft die Schule gewechselt.

3 – Wenn sie nach Hause kommt, zieht sie sich sofort um.

4 – Du kannst nicht ständig/andauernd/dauernd/permanent deine Meinung ändern.

383 1 – Es mangelt/fehlt dir manchmal an gesundem Menschenverstand. / Manchmal mangelt/fehlt es dir an gesundem Menschenverstand. / Manchmal fehlt dir der gesunde Menschenverstand.

2 – Nicht Geld, sondern Freizeit fehlt ihnen. / Nicht an Geld, sondern an Freizeit mangelt/fehlt es ihnen. / Es mangelt/fehlt ihnen nicht an Geld, sondern an Freizeit.

3 – Meine Bücher haben mir in den Ferien / während der Ferien sehr gefehlt.

4 – Verpassen Sie nicht diese Gelegenheit! / diese Gelegenheit nicht!

384 Bruno ist gestern (schon) wieder beim Zeitunglesen eingeschlafen. / Bruno ist gestern wieder eingeschlafen, während er Zeitung las.

385 1 – Was ermöglicht es dem Menschen, über sich (selbst) nachzudenken?

2 – Sie hat (es) sich erlaubt, sie unangemeldet / ohne Ankündigung zu besuchen. / Sie erlaubte (es) sich, sie ohne Voranmeldung zu besuchen. / ... ohne sich vorher anzukündigen.

386 Sie gingen jeden Sonntag im Wald spazieren. / Sie sind jeden Sonntag im Wald spazieren gegangen.

387 Das Kind hatte (es) sich angewöhnt, seine Eltern anzulügen / zu belügen.

388 Unser Chef meint/denkt, dass unsere Löhne/Gehälter zu hoch seien/sind.

389 Plötzlich war / Auf einmal war die Katze hinter dem Haus verschwunden.

390 1 – Er schwamm durch den Rhein. / Er ist durch den Rhein geschwommen. / Er durchschwamm den Rhein. / Er hat den Rhein durchschwommen.

2 – Der Einbrecher lief aus der Bank. / ... ist... gelaufen.

3 – Die Spinne kroch/krabbelte aus ihrem Netz. / ... ist... gekrochen/gekrabbelt.

391 Das neu gegründete Unternehmen läuft schon sehr gut.

392 1 – Zusammen verdient dieses Ehepaar etwa / ca. / um die / ungefähr sechstausend Euro monatlich / im Monat / pro Monat.

2 – Sie haben zehntausend Euro im Lotto gewonnen.

393 Soll ich rechts abbiegen oder geradeaus fahren / gehen?

394 1 – Obwohl/Obgleich/Wenngleich Uwe studiert hat, ist er noch immer / immer noch von seinen Eltern abhängig. / ..., hängt er immer noch von seinen Eltern ab.

2 – Werde ich es wohl schaffen? / Schaffe ich es wohl? – Das kommt nur auf deinen Willen an. / Das hängt nur von deinem Willen ab. / Das ist nur von deinem Willen abhängig.

395 1 – Sie hat sich neue Tücher gekauft, um die Fenster zu putzen.

2 – Nachdem sie sich die Zähne geputzt hatten, haben sie sich hingelegt. / ..., sind sie zu Bett / ins Bett gegangen / ..., sind sie schlafen gegangen.

396 Es ist verboten, länger als eine Stunde hier zu parken.

397 In welchem Hannoveraner Hotel sind Sie abgestiegen?

398 Wir möchten dir für dein Geschenk herzlich danken.

Wir möchten uns bei dir herzlich für dein Geschenk bedanken.

399 Ihr braucht euch doch nicht wegen dieses kleinen Streits scheiden zu lassen! / Ihr müsst euch doch nicht dieses kleinen Streits wegen scheiden lassen!

400 Jeder macht (mal) von Zeit zu Zeit Fehler. / Jeder macht (mal) ab und zu Fehler. Das kommt vor!

401 Städter haben es oft sehr eilig. / Stadtmenschen sind oft sehr in Eile.

402 Ich habe es wirklich satt / Ich bin es wirklich leid, dass du mich nicht ernst nimmst.

403 1 – Der Computermarkt weitet sich immer mehr aus / wird immer größer.

2 – Glücklicherweise ist... / Zum Glück ist sein Krebs nicht sehr fortgeschritten / hat sich sein Krebs nicht sehr ausgedehnt / weiterentwickelt.

404 1 – Kann man Kunst konsumieren? / Kann Kunst konsumiert werden?

2 – Der Wirtschaftsminister trifft Maßnahmen / ergreift Maßnahmen, um den Konsum zu steigern.

3 – Dieses Auto verbraucht sechs Liter auf hundert Kilometer.

405 1 – Deutschland hat mit der Wiedervereinigung seine Souveränität wiedererlangt.

2 – Ich habe meine Schlüssel nicht wiedergefunden.

406 1 – Die beiden / Die zwei haben (im) letzten Sommer geheiratet.

2 – Er hat seine Nachbarin geheiratet. / *(Rare :)* Er hat sich mit seiner Nachbarin verheiratet.

3 – Warum bist du immer noch nicht verheiratet? / Wieso bist du noch immer unverheiratet?

407 1 – Seit wann beschäftigen Sie Herrn Klein?

2 – Wir haben ihn letztes Jahr eingestellt.

408 1 – Die Ausstellung wurde mit etwas Verspätung eröffnet. / Die Ausstellung ist mit ein wenig Verspätung eröffnet worden.

2 – Wer hat die Fenster geöffnet? / ... die Fenster aufgemacht?

409 Sollen wir uns weiter nach vorn setzen? / Sollen wir uns weiter vorn hinsetzen?

410 Er saß am Bach und angelte (Fische) für das Abendessen. / Er hat am Bach gesessen und (Fische) fürs Abendessen geangelt.

411 Hat es (dir/Ihnen/euch) (gut) geschmeckt? / Hat's geschmeckt?

412 Der Kandidat hat seinen Mitbewerber/Konkurrenten auszuspionieren versucht. / Der Bewerber versuchte/hat versucht, seinen Konkurrenten auszuspionieren.

413 1 – Jens ist/wurde in Bayern geboren, wuchs aber in Frankfurt auf. / ..., aber (er ist) in Frankfurt aufgewachsen.

2 – Du bist (schon) wieder zwei Zentimeter gewachsen.

414 1 – Da er nicht alles hat tragen können, hat er seinen Regenschirm zurückgelassen / da gelassen. / Da er nicht alles tragen konnte, ließ er seinen Regenschirm zurück / da.

2 – Ich habe schon Verspätung. Ich muss gehen. / Ich muss mich verabschieden.

415 1 – Denk(e) nicht ständig/andauernd über deinen gestrigen Misserfolg nach / über deinen Misserfolg von gestern nach, sondern überleg(e) dir eine bessere Methode / sondern denk(e) über eine bessere Methode nach.

2 – Ich muss mir eine andere Lösung überlegen. / Ich muss überlegen / Ich muss nachdenken, um eine andere Lösung zu finden.

416 Die Bewohner dieses Dorfes akzeptieren (es) nicht / nehmen (es) nicht hin / billigen (es) nicht, dass ihre Schule geschlossen wird.

417 Das Bild/Gemälde zeigte Pferde, die einen Schlitten zogen.

418 Die Krankenschwester hatte Mitleid mit dem Kranken / bemitleidete den Kranken.

419 1 – (Die) Luxemburger beherrschen oft die deutsche und die französische Sprache / das Deutsche und das Französische.

2 – Ich frage mich, wie ich diese Aufgabe meistern soll.

420 1 – Die Vase, die ich meiner Kollegin geschenkt hatte, war nach zwei Tagen zerbrochen / kaputt.

2 – Was mache ich (nur) / Was soll ich (nur) machen, wenn mein Computer kaputtgeht?

3 – Wer hat die Fensterscheiben zerbrochen / zerschmissen / kaputtgemacht?

421 1 – Bis jetzt / Bislang / Bisher hat dieser neue Angestellte uns völlig/vollkommen zufrieden gestellt.

2 – Die Lieferanten schaffen es nicht, / Den Lieferanten (datif) gelingt es nicht, die Nachfrage zu befriedigen.

422 1 – Korsika gehört zu Frankreich.

2 – Gehört Frankreich der NATO an?

3 – Dieses Heft gehört mir.

423 Woraus besteht die köstliche Soße, die du gemacht hast?

424 1 – Sie hat sich die Hand verbrannt.

2 – Dieser Wald hat eine Woche (lang) gebrannt.

425 1 – Ich bin heute Nacht zweimal aufgewacht / wach geworden.

2 – Bitte weck(e) mich nicht vor sieben (Uhr) (auf)! / Mach(e) mich bitte nicht vor sieben (Uhr) wach!

426 1 – Die Rede des Präsidenten hat alle Anwesenden berührt/bewegt.

2 – Er hat für seine Arbeit zweitausend Dollar erhalten / bekommen.

3 – Ich habe mindestens dreimal den Direktor zu erreichen versucht / ... dreimal versucht, den Direktor zu erreichen, aber er ist nie da.

4 – Das ganze Land ist von Arbeitslosigkeit betroffen.

5 – Ich verbiete (es) Ihnen, mich zu berühren.

6 – Der Lohn, den er bezieht, reicht nicht, um über die Runden zu kommen.

427 1 – Ihr Geschenk hat uns große Freude gemacht/bereitet.

2 – Es macht Spaß, am Strand Sport zu treiben.

428 1 – Ich brauche Geld. Kaufst du mir meine Briefmarkensammlung ab?

2 – Mama/Mutti, kaufst du mir ein Bonbon?

429 Wird das europäische Kino untergehen?

430 In welchem Jahr ist die Titanik gesunken?

431 1 – Sie hat ihm einen Liebesbrief geschickt, aber er hat nicht darauf / auf ihn geantwortet / ..., aber er hat ihn nicht beantwortet.

2 – Antworten Sie mir!

432 1 – Wovon handelt dieses Buch?

2 – Worum geht es in diesem Buch?

433 Wir müssen gehen(,) oder wir bekommen Ärger/Schwierigkeiten.

434 Sie werden in Sicherheit sein, solange Sie (die) Ruhe bewahren.

435 Sie ist ihrem Chef auf der Straße begegnet, aber sie weiß nicht, ob er sie gesehen hat.

436 Da es früh ist und (da) ihr noch schlafen wollt, frühstückt ihr später.

437 Wir schreiben das Jahr 1989, als die Berliner Mauer fällt.

438 1 – Als Klaus in den Zug stieg / gestiegen ist, fragte er sich / hat er sich gefragt, wann er ankommen würde/werde.

2 – Ruf(e) mich an, wenn du am Bahnhof angekommen bist.

439 Wenn ich ihm auch nicht immer vertraue, glaube ich ihm diesmal. Auch wenn ich ihm nicht immer Vertrauen schenke, glaube ich ihm dieses Mal.

440 Regina bestand/schaffte das Abi(tur), noch bevor sie achtzehn (Jahre alt) wurde.

441 1 – Ein Euro ist nicht genug, als dass ich mir auch nur ein Buch kaufen könnte/kann.

2 – Ich sage dir das, damit du Bescheid weißt. / Ich sage es dir, damit du auf dem Laufenden bist.

442 Nun, da die Gäste / Jetzt, wo die Gäste angekommen/eingetroffen sind, kann der Bürgermeiseter seine Rede halten.

443 Sie warten, bis die Ampel grün wird. / Sie warten darauf, dass die Ampel grün wird.

444 Es war richtig, dass du deine Winterkleidung mitgenommen hast. / Du hast deine Winterkleidung mit Recht mitgenommen.

445 Sie haben die Freiheit, / Es steht Ihnen frei, meinem Rat(schlag) zu folgen / meinen Rat(schlag) zu befolgen oder nicht.

446 Wer war der Erste, der den Ärmelkanal durchschwommen hat? / Wer schwamm als Erster durch den Ärmelkanal?

447 Ist es schon (mal/einmal) vorgekommen, dass du die ganze Nacht (lang) aufgeblieben bist?

448 Lesen Sie aufmerksam den Text, bevor Sie die Fragen beantworten! / ..., bevor Sie auf die Fragen antworten!

449 1 – Ich habe dir schon fünfmal gesagt, du sollst mich nicht unterbrechen / .., dass du mich nicht unterbrechen sollst.

2 – Ich sagte ihm / Ich habe ihm gesagt, er möge/soll/solle mir ein Angebot machen.

450 Man stellte mir die Frage (... hat... gestellt) / Mir wurde die Frage gestellt / Es ist mir die Frage gestellt worden, ob Hühner Zähne hätten/haben.

451 Sie hat ein Haus gekauft, mit dem sie vollkommen/völlig zufrieden ist.

452 Der Berg, auf dem diese Tiere leben, ist fünftausend Meter hoch.

453 Sie war sehr glücklich über das, was er ihr gesagt hatte.

454 Ich hoffe, dass er mich, wenn ich ihn (darum) bitte, morgen früh zum Bahnhof fährt. / Ich hoffe, er fährt mich morgen früh zum Bahnhof, wenn ich ihn bitte / ... ihn darum bitte.

455 Wir brauchen einen zuverlässigen Manager, denn die Lage ist äußerst ernst. / ... Manager. Die Situation ist nämlich äußerst ernst.

456 1 – Je reicher er im Leben wird, desto längere Reisen macht er / ... Reisen wird er machen / ... desto öfter macht er lange Reisen.

2 – Je kälter es wird, desto wärmer ziehen sich die Leuten an. / Je kälter es ist, desto wärmer ziehen die Leute sich an.

457 Wenn ich in Urlaub / in Ferien fahre, haben wir schon Juli / ... fahre, werden wir schon Juli haben / ... fahre, ist schon Juli / ... fahre, wird schon Juli sein.

458 Wir fragen uns, ob er angekommen ist oder nicht.

459 1 – Die neuen Bundesländer, wie etwa / wie beispielsweise / wie zum Beispiel Thüringen, sind relativ/verhältnismäßig klein.

2 – Da ich keine Briefmarken mehr habe, muss ich zur Post (gehen).

3 – Sie arbeitet als Sekretärin.

460 Schau mal her! / Sieh mal her! Du brauchst es nur wie ich zu machen.

461 Er fragt sich, woher man wissen soll / wissen solle, ob es Gott gibt.

462 Wie lange wissen Sie schon darüber Bescheid?

463 Paul hatte schon einige Zeit vor seinem Autounfall eine Panne gehabt.

464 Die Arbeiter machten kurz nach halb vier Feierabend. / Die Arbeiter haben kurz nach halb vier Feierabend gemacht.

465 Hilf mir bitte, sonst bin ich sehr enttäuscht.

466 Du musst gut aufpassen / gut Acht geben, sonst verstehst du nicht, worum es geht / worum es sich handelt.

467 Wien, den 1.1.1995 (Wien, den ersten ersten / Wien, den ersten Januar neunzehnhundertfünfundneunzig).

468 Schweden trat der Europäischen Union am 1.1.1995 bei. / Schweden ist der Europäischen Union am 1.1.1995 beigetreten.

469 Sehr geehrte Damen und Herren...

470 Ein Drittel Frankreichs und halb Deutschland sind betroffen.

471 Nicht die ganze Klasse konnte an der Schulfahrt / an der Klassenfahrt teilnehmen, denn einige Schüler waren krank. / Nicht die ganze Klasse hat an der Schulfahrt / an der Klassenfahrt teilnehmen können. Einige Schüler waren nämlich krank.

472 Das kann man (wohl) sagen!

473 1 – Wer von uns beiden hat die Krise denn vorausgeahnt? — Du (warst es).

2 – Gestern hat er es gesagt.

474 Wo wohnt er noch? / Wo wohnt er noch einmal / noch mal?

475 Ich habe es eilig. Das heißt, dass ich sofort gehen muss.

476 Diese armen Kinder wissen nicht wohin.

477 Nach der Rede / Nach der Ansprache riefen alle « Prost! ». / Nach der Rede / Nach der Ansprache haben alle « Prost! » gerufen.

478 Morgen ist Muttertag. / Morgen haben wir Muttertag.

479 Wovon war auf dem Kongress die Rede?

480 Petra arbeitet als Ingenieurin bei Siemens.

481 Die Schule sucht einen diplomierten Mathematiker, der auch Physik unterrichten kann.

482 Johanna hört / Johanna mag im Allgemeinen lieber klassische Musik als Popmusik.

483 Sehr breite Krawatten sind schon längst nicht mehr / schon seit langem nicht mehr / schon seit langer Zeit nicht mehr (in) Mode.

484 Sie sind mit sich (selbst) und ihren Leistungen zufrieden.

485 Der Meinung des Richters nach sind sie nicht schuldig. / Nach (der) Meinung des Richters sind sie nicht schuldig.

486 Unser Sohn will nach Hause kommen, aber wir wissen nicht, wann er bei uns ankommt.

487 1 – Sie haben erst ein Kind und möchten noch zwei (Kinder).

2 – Sie haben nur ein Kind und möchten keine weiteren Kinder / möchten keine Kinder mehr / möchten nicht noch mehr Kinder.

488 1 – Der Postbote / Der Briefträger ist weder gestern noch heute gekommen.

2 – Entweder hat er nicht zugehört, oder er ist taub. / Entweder er hat nicht zugehört, oder er ist taub.

3 – Wir haben sowohl in Köln als auch in Berlin gewohnt.

489 Wir haben keine Zeit mehr zu verlieren.

490 Welcher Ring ist teurer, dieser (hier) oder jener (dort)? / dieser (hier) oder der (da)?

491 Wir haben keinen Sohn, sondern eine Tochter.

492 Monika ist gestern mit ihrem Freund ins Kino gegangen.

493 Die Bibliothek steht allen Studenten zur Verfügung.

494 Arbeiten wir heute schon um/ab halb zwölf?

495 Der Titel dieses Liedes ist wirklich unmöglich.

496 Sie hießen mich in ihrem Land willkommen. / Sie haben mich in ihrem Land willkommen geheißen.

497 Trifft das auf Sie zu?

498 Mit freundlichen Grüßen,

Herr Müller

499 Zum Schluss kann man sagen, dass... / Zum Schluss kann gesagt werden, dass... / Zum Schluss würde ich sagen, dass dieses Gesetz abgeschafft werden muss.

500 Ich muss auflegen. Ich rufe dich morgen wieder an. Auf Wiederhören!

Index français

Les chiffres renvoient aux items numérotés.

à, 005.
à l'âge, 308.
à l'heure, 275.
à la maison, 305.
(à) la mode, 483.
à mon avis, 485.
à peu près, 271.
à temps, 275.
accent tonique, 481.
accepter, 416.
accusatif, 223, 224, 380, 409, 467.
adjectif substantivé, 128, 212.
adjectif possessif, 200, 202.
adjectifs, 108, 148.
adverbes, 075.
affaire, 127.
afin que, 441.
agir de (s'), 432.
agressif, 106.
aider, 354, 355.
aimer, 349.
ajouter, 360.
Allemagne, 110, 138.
Allemand, 108.
allemand, 124.
aller, 305, 391.
aller chercher, 304.
amener, 418.
amical, 247.
années quatre-vingt-dix (les), 212.
appareil, 171.
appartenir, 422.
apposition, 019.
apprendre, 044, 380.
après, 463, 464.
arrêter, 335, 336.
arrêter (s'), 337.
arriver, 400, 447, 486.
article, 024, 065, 066, 089, 109, 115, 118, 163, 220, 224, 340, 478.
attendre que, 443.
au moins, 276.
Au revoir !, 500.
augmenter, 038, 307.
aussi, 071, 260, 261.
auteur, 155.
auto, 140.
autre chose, 128.
autrefois, 270.
avant, 270, 440, 448, 464.
avantages, 216.
avec, 293, 294.
avoir, 024, 053, 430.
avoir assez de, 402.
avoir l'air, 362.
avoir raison, 069, 444.

baisser, 038.
bar, 112.
beau-frère, 126.
beaucoup, 154, 204, 205, 262.
besoin de, 346.
bien, 262.
billet, 139.

boire, 299.
bon, 227, 228, 411.
bonheur, 157, 158.
bouger, 266.
brûler, 424.

ça fait, 318.
camarade, 088.
cas (le), 497.
casser, 420.
cause, 283.
ça va, 033.
celui, 130.
ce sont, 068.
cesser, 335.
c'est, 249, 473, 478.
c'est-à-dire que, 361, 475.
c'est... que, 001.
c'est... qui, 002.
c'est... qui/que, 473.
c'est vrai, 012.
chance, 158.
changer, 382.
chemin de, 301.
Cher (Monsieur), 469.
cher, 010.
chez, 303.
chiffres ordinaux, 476.
choix, 161, 333.
chômeur, 142.
chose, 127.
COD, 201.
comme, 067, 203, 459.
Comment allez-vous ?, 015.
commerçant, 122.
commerce, 090.
comparatif, 248, 249, 253, 456.
complément de temps, 437, 492.
comportement, 147.
composer de (se), 423.
comprendre, 334.
conception, 302.
concurrencer, 310.
confort, 097.
conjonction de coordination, 433.
conjoncture, 100.
connaître, 208, 375, 376, 377, 378.
connu, 230.
conscient, 239.
considérer, 388.
consommer, 404.
constructeur, 061.
construire, 146.
contamination, 150.
content, 229.
continuer, 350.
contraire, 162, 290.
contre, 159.
costume (homme), 048.
coupable, 238.
courage, 029.
créer, 369.
critique (le), 059.
croître, 307.
culture, 119.

danger, 172.
d'autre part, 087.
de, 016, 019, 244, 306, 307.
décision, 326, 333.
découvrir, 014.
déjà, 474.
demander, 365.
demander (se), 078.
demi, 494.
démonstratif, 226.
de nos jours, 086.
dépendre de, 394.
dépenser, 064.
déplacer (se), 022.
depuis, 462.
dès maintenant, 279.
descendre, 397.
deutsch(e)mark, 176.
deuxième, 243.
développer (se), 403.
devenir, 074.
devoir, 080, 347.
différence, 165, 290.
différent, 128, 263.

difficile, 104.
dire de faire, 449.
direction, 255, 267, 268, 303, 305, 330, 476, 486, 492.
disparaître, 389.
dispute, 136.
divorcer, 399.
doit, 348.
domaine, 297.
donc, 071.
dont, 451.
dormir, 084.

économie, 112.
écouter, 319, 320.
écrire, 358.
écrivain, 155.
effectivement, 272.
élection, 161.
électricité, 052.
embouteillage, 181.
empêcher, 351.
emploi, 141.
employer, 407.
en conclusion, 499.
encore, 257.
encourager, 366.
endormir (s'), 384.
en effet, 272, 273.
enfin, 280.
en général, 482.
en + année, 295.
en tant que, 459.
entendre, 321.
entendre parler, 322.
entraîne, 353.
entre, 288, 289.
en vain, 022.
environnement, 143.
erreur, 188.
espionner, 412.
espoir, 107.
essor, 189.
et, 433, 488.
et ainsi, 073.
état/État, 056, 163.
étrangers, 113.
être, 028, 395.
être assis, 357.
être écrit, 358.
étudier, 044.
Europe, 163.
européen, 091.
éviter, 352.
exemple, 282.
exercer, 372.
exiger, 366.
expérience, 151.

façon, 214.
faire, 006, 007, 008, 009, 101, 333, 356, 460.
faire plaisir, 427.
fait (le), 144.
fier, 451.
figure, 047.
fin, 167.
fini, 269.
finir, 338, 499.
fleuves, 114.
fonctionner, 099.
Français, 108.
France, 089, 109.
futur (le), 457.

gagner, 392.
gagner (sa vie), 025.
garage, 055.
garer (se), 396.
génitif, 199, 291, 292, 300, 302.
gens, 065, 131.
gérondif, 343, 344, 390.
goûts, 134.
grâce à, 292.
grandir, 413.
gratis, 022.
gratuit, 022.
grève, 178.
guerre, 197.

heure, 365.
heureusement, 278.
heurter (se), 374.
hier, 492.
histoire, 125.
homme d'affaires, 122.
homme politique, 121.
humanité, 116.

ici, 268, 492.
Il est question de, 479.
Il existe, 317.
Il paraît que, 361, 475.
Il semble que, 361.
Il y a, 281, 316, 318.
image, 166, 168, 184.
imagination, 154.
immigrés, 113.
immoral, 060.
impératif, 354.
important, 187, 217, 218.
impression, 175.
inconvénients, 216.
infinitif, 444, 445, 446, 447, 448, 449, 461, 476.
informations (TV), 051.
intéressé, 285.
interview, 183.
-ique, 235.

jamais, 253, 254, 255, 256.
jeune (adj.), 082.
jeunes (les), 035.
jeunesse, 082.

là, 200, 267, 268.
laisser, 414.
la plupart, 066.
la question de savoir si, 450.
le tiers, 115.
les deux, 209.
lettre, 195.
libre, 445.
locatif, 111, 255, 303, 397, 486.
loi, 177.
longtemps, 021.
lorsque, 067, 437, 438.
loyer, 196.

maintenant que, 442.
maîtriser, 419.
majuscule, 081.
maladie, 149.
manifestation, 039.
manquer, 383.
marier (se), 406.
masculins faibles, 088, 108.
mauvais, 227.
membre, 173, 422.
même, 264, 265, 440.
même si, 439.
mentir, 387.
mesure, 326, 333.
métier, 141.
meurtre, 145.
milliard(s), 179.
million(s), 179.
modal, 348.
modèle, 041.
moins + adj. + que, 249.
moins de, 309.
moitié, 470.
monde, 117, 164.
montrer, 077, 417.
mort, 031.
mort (la), 145, 170.
mots composés, 111, 120, 152, 153, 156, 213, 216, 231, 234, 243.
mourir, 429.
moyen, 196.
moyenne, 095.
Mur de Berlin, 193.

naître, 429.
narrateur, 155.
né, 429.
ne... pas de, 491.
ne... pas un, 491.
ne... que, 487.
nettoyer, 395.

ni... ni..., 488.
nombre, 192, 392.
nombres ordinaux, 027, 215.
nombreux, 032.
notre, 200.

obtenir, 074.
occupé, 241.
occuper de (s'), 241.
on, 003, 359, 437.
ordinaire, 054.
ordinateur, 093.
ou, 433.
ou... ou, 488.
ou pas, 458.
où, 452.
ouvrir, 408.

paire, 105.
par, 338.
paragraphe, 058.
paraître, 362.
parler, 323.
par rapport à, 290.
participes passés, 343, 357.
particules verbales, 418.
partis politiques, 180.
passer, 038.
passer de... à, 306.
passif, 076, 203.
pays, 109, 111, 163.
pêcher, 410.
pendant, 013, 223, 225.
pénible, 045.
penser, 026, 072.
perdre, 063.
permettre, 385.
personne, 256.
personne de + adj., 128, 207.
personnes, 131, 219.
peur, 287.
photo, 184.
pitié, 418.
place, 037.
plan (sur le), 040.
pleuvoir, 096.
plus, 248, 489.
plus de, 309.
plus... plus, 456.
plusieurs, 205, 219.
politique, 121.
pollution, 143.
poser, 368.
possibilité, 028.
possible, 251.
pour moi, 485.
pour rien, 022, 022c.
pouvoir, 339.
pouvoir (le), 137.
préféré, 236.
préférer, 349.
premier, 017, 018, 446.
prendre, 325, 326, 327, 328, 329, 330, 331, 332.
préparer, 379.
près de, 311.
présent historique, 437.
pressé, 401.
prêt, 269.
probablement, 274.
professeur, 156.
profiter, 042.
promener, 386.
promouvoir, 366.
pronoms impersonnels, 015, 359, 432.
pronoms personnels, 004.
pronoms réfléchis, 373, 396, 425, 484.
pronoms relatifs, 451.
proposer, 364.
protection, 143, 313.
protéger, 313.
provoquer, 050.
puis, 259.
puisque, 067, 459.

qualité, 046.
quand, 067.
que, 436.

quel genre de, 312.
quel(s), 210.
quelqu'un, 207.
quelqu'un de + adj., 128, 207.
quelque chose, 208.
quelque chose de + adj., 128, 207.
quelques, 105, 133, 205, 232.
question, 081.
questions indirectes, 438.
quinze jours, 011.

raconter, 323.
raison, 190, 283, 284.
rater, 383.
RDA, 138.
réalisateur (film), 049.
réfléchir, 415.
réfugié, 113.
regarder, 077, 381.
relatives, 017, 452, 453.
relativiser, 057.
remarquable, 245.
remercier, 398.
rencontrer, 374.
répéter, 324.
répondre, 431.
reprendre, 328.
représenter, 367.
respect, 286.
respecter, 036.
responsable, 237.
retard (en), 455.
retrouver, 405.
réussir, 341, 342, 369.
réveiller, 425.
RFA, 138.
rien de + adj., 128, 207.
risquer, 033.
rôle, 187.
rue, 296.
Ruhr (la), 043.

sans, 466.
sans doute, 274.
sans... rien, 256.
santé, 030.
Santé !, 477.
satisfaire, 421.
savoir, 340.
selon, 291.
sembler, 362.
sensible, 240.
sentir (se), 062.
sérieux, 455.
service, 160, 172.
seul, 232, 233.
seulement, 487.
si, 345, 435.
siècle, 186.
signifier, 072.
sinon, 465, 466.
soit... soit, 488.
solution, 300.
souffrir, 314.
souvenir (se), 083.
souvent, 252.
sport, 135.
subjonctif, 345, 449.
suivre, 373.
superlatif, 248, 251, 252.
supermarché, 070.
supposer, 416.
supprimer, 370.
sur, 027, 114.
surtout, 266.

tant que, 434.
tel que, 459.
temps, 023.
terminé, 269.
texte, 194.
théorique, 246.
tôt ou tard, 250.
toucher, 426.
toujours, 258.
tourner, 174, 393.
tous, 206, 220, 222, 471.
tout, 472.
traduire, 298.
traiter de, 432.

tranquille, 277.
transporter, 369.
travail, 141, 185.
trente, 085.
très, 262.
trop... pour que, 441.

umlaut, 098, 102, 142.
un peu de, 133.
unités de mesure, 132.
unités de temps, 186.
utile, 242.

vaut, 211.
verbes pronominaux, 395.
verbes de modalité, 345.
victime, 191.
vie, 169.
vieux, 020.
ville, 055, 148, 221, 244.
villes, 114, 193.
violence, 182.
violent, 234.
virgule, 079.
visage, 047.
vivre, 371, 377.
voiture, 140.
voitures, 198.
voix passive, 355, 356, 359.
vous, 081.

Index allemand

Les chiffres renvoient aux items numérotés.

abbiegen, 393.
ab/hängen von, 394.
abholen, 304.
abkaufen, 428.
abnehmen, 307.
abschaffen, 370.
Abschnitt, 058.
absteigen, 397.
aggressiv, 106.
akzeptieren, 416.
alle, 205, 206, 220, 222, 471.
allein, 233.
alles, 206.
als, 017, 067, 203, 437, 459.
als dass, 441.
also, 071.
alt, 020.
anbieten, 364.
andererseits, 087.
ändern, 382.
anders, 128, 263.
angeblich, 361.
Angelegenheit, 127.
angeln, 410.
Angst, 287.
ankommen, 397, 400, 486.
ankommen auf, 394.
anlügen, 387.
annehmen, 416.
Ansteckung, 150.
antworten, 431.
Anzug, 048.
Apparat, 171.
Arbeit, 141, 185.
Arbeitsloser, 142.
Art, 214.
Asylant, 113.
außerdem, 259.
auch wenn, 439.
auch, 071, 260, 261.
Auf Wiederhören!, 500.
Auf Wiedersehen!, 500.
aufbauen, 146.
Auffassung, 302.
aufhören, 335, 336, 338.
Aufschwung, 189.
aufwachen, 425.
aufwachsen, 413.
aufwecken, 425.
Ausländer, 113.
aus, 299, 403.
ausgeben, 064.
ausbrechen, 468.
aushalten, 371.
auskennen, 378.
aussehen + adj., 363.
Aussiedler, 113.
ausspionieren, 412.
ausüben, 371.
Auswahl, 161.
ausweichen, 352.
Auto, 198, 330.

Autor, 155.
Autowerkstatt, 055.

bauen, 146.
Bauer, 061.
beantworten, 431.
beauftragen, 418.
bedanken, 398.
bedeuten, 072.
bedeutend, 218.
befolgen, 036.
befördern, 366.
befriedigen, 421.
begegnen, 373, 374.
behandeln, 044.
beherrschen, 419.
bei, 303, 311.
beibringen, 380.
beide, 209.
beides, 209.
beim, 344.
beinhalten, 418.
Beispiel, 282.
bekannt, 230.
bekommen, 053, 074.
belügen, 387.
bemerkenswert, 245.
bemitleiden, 418.
benehmen, 147.
Bereich, 297.
Beruf, 141.
berühren, 426.
beschäftigen, 241, 407.
beschäftigt, 241.
Beschluss, 326.
besetzt, 241.
besichtigen, 014.
bestehen aus, 423.
betrachten, 203, 388.
betreffen, 426.
bevor, 270, 448.
bewegen, 266.
bewusst, 239.
bieten, 364.
Bild, 166, 184.
bitten (um), 365.
bleiben, 473.
bloß, 266.
brauchen 346.
BRD, 138.
brechen, 420.
brennen, 424.
Brief, 195.

ca., 271.
Computer, 093.

da, 067, 200, 267, 268, 436, 459.
da(r), 267, 453.
damals, 270.
damit, 441.
danach, 463, 464.
dank, 292.
danken, 398.
dann, 259.
darstellen, 367, 368.
das Gleiche, 264.
das heißt, 361, 475.
dasselbe, 264.
davor, 464.
DDR, 138.
Demonstration, 039.
denken, 026, 388, 415.
denn, 433.
derjenige, 130.
deshalb, 073, 261.
desto, 456.
Deutsche Mark, 176.
deutsch, 124.
Deutschland, 110, 163.
die meisten, 066.
Dienst, 160.
Ding, 127.
dort, 268.
drehen, 174, 393.
dreißig, 085.
Drittel, 115.
durch, 293.
Durchschnitt, 095.
dürfen, 347.

Ebene, 040.
Eigenschaft, 046.
eilig, 401.
einbilden, 154.
Eindruck, 175.
einige, 133, 205, 232.
einnehmen, 325.
einsam, 233.
einschlafen, 384.
einstellen, 407.
Einwanderer, 113.
einzeln, 232.
einzig, 232.
Ende, 167.
endlich, 280.
entdecken, 014.
Entscheidung, 326, 333.
entstehen, 429.
entweder... oder, 488.
entwickeln, 403.
erfahren, 380.
Erfahrung, 151.
erfolgen, 341.
erfolgreich, 342.
erfordern, 366.
ergreifen, 326.
erhöhen, 038, 307.
erinnern (sich), 083.
erlangen, 405.
erlauben, 385.
erleben, 208, 377.
ermöglichen, 385.
ermutigen, 366.
ernst, 455.
eröffnen, 408.
erreichen, 426.
erscheinen, 362.
erscheinen + adj., 363.
erst, 487.
Erster, 017, 446.
-erweise, 278.
erzählen, 323.
Erzähler, 155.
es, 317, 359, 383, 394, 432, 478, 479.
es geht um, 432.
es gibt, 281, 316, 317, 318.
es heißt, dass, 475.
es ist, 473.
es ist die Rede von, 479.
es scheint, dass, 361.
etwas, 133, 271.
etwas anderes, 128.
etwas + adj., 128, 207.
europäisch, 091.
Experiment, 151.

fahren, 255, 305, 330.
Fahrkarte, 139.
Fall, 497.
falsch, 227.
fassen, 326.
fehlen, 383.
fern, 381.
fertig, 269.
Figur, 047.
fischen, 410.
fliegen, 331.
Flüchtling, 113.
Flugticket, 139.
folgen, 373.
fordern, 366.
fördern, 366.
Foto, 184.
fragen (nach), 365.
Frankreich, 089, 109.
Franzose, 108.
frei, 445.
Freiheit, 445.
Freude machen, 427.
freuen (sich), 229.
freundlich, 247.
freundschaftlich, 247.
froh, 229.
früher, 270.
fühlen, 062.

ganz, 221.
Garage, 055.
geben, 064.

Gebiet, 297.
geboren, 429.
Gefahr, 172.
Gefallen, 160, 172.
Gegensatz, 162, 290.
Gegenteil, 162.
gehen, 305, 391, 429.
gehören, 422.
gelingen, 341, 342.
gemäß, 291.
genießen, 042.
genug, 441.
gerade, 429.
gern, 349.
Geschäftsmann, 122.
Geschichte, 125.
Geschmack, 134.
Gesetz, 036, 172, 177.
Gesicht, 047.
Gesundheit, 030.
Gesundheit!, 477.
Gewalt, 172, 182.
Gewalten, 137.
gewaltig, 234.
gewalttätig, 234.
gewinnen, 392.
gewöhnlich, 054.
glauben, 067.
Glück, 157, 158.
glücklicherweise, 278.
gratis, 022.
groß, 187, 218.
Grund, 190, 283, 284.
gründen, 369.
gut, 227, 228, 411.

haben, 008, 053, 395, 437.
halb, 221, 470, 494.
Hälfte, 470.
halten, 336.
Handel, 090.
handeln, 432.
heiraten, 406.
heißen, 201, 473.
helfen, 354, 355.
her sein, 318.
Hersteller, 061.
hervor, 050.
heute, 226.
heutzutage, 086.
hier, 200, 268.
hierher, 268.
hin, 416.
hindern, 351.
hinein, 267.
hinzufügen, 360.
Hoffnung, 107.
hören, 319, 320, 321, 322.

im Allgemeinen, 482.
Image, 168.
immer, 248.
immer noch, 258.
in der Tat, 272.
indem, 344.
Informationen, 051.
Interesse, 285.
Interview, 183.
Irrtum, 188.
-isch, 235.

ja, 266.
Jahrhundert, 186.
je, 253, 254.
jeden, 222.
jemals, 254, 256.
jemand, 207, 256.
jemand + adj., 128, 207.
jetzt, 442.
Jugend, 082.
jung (adj.), 082.
Jungen (die), 035.

Kamerad, 088.
kaputt, 420.
kaufen, 428.
Kaufmann, 122.
kein, 491.
kein... mehr, 489.
keine, 205.

kennen, 208, 375, 376, 377, 378.
kennen lernen, 375.
Kneipe, 112.
Komfort, 097.
kommen, 343.
konkurrieren, 310.
können, 339, 340, 376.
konsumieren, 404.
kostenlos, 022.
Kostüm, 048.
Krankheit, 149.
Krieg, 197.
Kritik, 059.
Kultusminister, 119.
kümmern (sich), 241.

lang, 223.
lange, 021.
lassen, 356, 414.
laufen, 391.
laut, 291.
leben, 371.
Lebensgefahr, 031.
lecker, 228.
lehren, 380.
Lehrer, 156.
leid sein (es), 402.
leiden, 314.
lernen, 044, 380.
Leute, 065, 117, 131, 219.
lieben, 349.
lieber, 349.
Lieblings-, 236.
liegen, 316.
lösen, 063.
Lösung, 300.
lügen, 387.
Lust, 029.

machen, 008, 101, 460.
Macht, 137.
-mal, 022.
man, 003, 129, 359.
mangeln, 383.
Mann, 129.
Maßnahme, 326, 333.
Mauer, 193.
mehr, 248.
mehrere, 205, 219.
meiden, 352.
meinen, 072, 388.
Meinung, 291, 485.
meistens, 252.
meistern, 419.
Menschen, 131.
Menschheit, 116.
Miete, 196.
Milliarde(n), 179.
Million(en), 179.
mindestens, 276.
mit, 293, 294, 308, 310, 323, 330, 336.
Mitglied, 173.
mitteilen, 380.
Mittel, 196.
(in) Mode, 483.
mögen, 339, 349, 449.
möglich, 251.
Möglichkeit, 028.
Monat, 186.
Mord, 145.
Musik, 135.
müssen, 080, 346, 347, 348.

nach, 291, 306, 330, 415, 463, 464.
nach Hause, 305.
nach sich ziehen, 353.
nachdem, 448.
Nachrichten, 051.
Nachteil, 216.
nachts, 225.
nämlich, 272, 273.
neben, 311.
nehmen, 325, 326, 327, 328, 329, 330, 331, 332, 416.
neunziger Jahre (die), 212.
nicht alle, 471.
nicht ein, 491.
nicht einmal, 265.
nichts, 256.

nichts + adj., 128, 207.
nie, 254.
niemand + adj., 128, 207.
noch, 328.
noch einmal, 257, 324, 474.
noch nie, 255.
Nummer, 192.
nun, 442.
nur, 266, 487.
nützlich, 242.

ob, 435, 450.
oder, 433.
oder nicht, 458.
öffnen, 408.
Öffnung, 107.
oft, 252.
öfters, 252.
ohne, 466.
ohne etwas, 256.
Ökonomie, 391.
Opfer, 009, 191.
ordinär, 054.

paar (ein), 105.
Paragraf, 058.
parken, 396.
Parteien, 180.
peinlich, 045.
Person, 131, 219.
Fantasie, 154.
Platz, 037.
Politiker, 121.
profitieren, 042.
provozieren, 050.
pünktlich, 275.
putzen, 395.

Qualität, 046.

recht/Recht 069, 444.
rechtzeitig, 275.
Regisseur, 049.
regnen, 096.
Reichtum, 188.
relativieren, 057.
Respekt, 286.
respektieren, 036.
richtig, 227, 444.
Rolle, 187.
rufen, 050.
ruhig, 277.
rühren, 426.
Ruhrgebiet, 043.

Sache, 127.
satt haben (es), 402.
schaffen, 341, 342, 368, 369.
schauen, 077.
scheiden, 399.
scheinen, 362.
schlafen, 084.
schlecht, 227.
schließlich, 280, 338, 499.
schmecken, 411.
schon, 279, 474.
Schriftsteller, 155.
schuld (sein), 238.
schuldig, 238.
Schutz, 143, 313.
schützen, 313.
schwer, 104.
Schwiegereltern, 126.
schwierig, 104.
sehen, 381.
sehr, 262.
sein, 201, 316, 373, 384, 389, 424, 430, 468, 473, 478.
seit, 462.
selbst, 265, 439, 440.
senken, 307.
setzen, 409.
sich, 378.
sie, 081.
sinken, 038, 307, 430.
sitzen, 316, 357.
so + adj. + wie, 249.
sogar, 265, 439.
solange, 433.
sollen, 361, 449, 461.

sondern, 433, 465.
sonst, 465.
sowohl... als auch, 488.
sparen, 112.
Spaß machen, 427.
spät, 455.
spazieren gehen, 386.
Sport, 135.
sprechen, 323.
Staat, 055, 110, 056.
Stadt, 055.
Stau, 181.
stehen, 358.
steigen, 307.
steigern, 307.
Stelle, 037.
stellen, 421.
sterben, 429.
stoppen, 335.
stoßen, 374.
Straße, 296.
Streik, 178.
Streit, 136.
Strom, 052.
studieren, 044.
Stunde, 365.
Supermarkt, 070.

Tatsache, 144.
tatsächlich, 272.
teuer, 010.
Text, 194.
theoretisch, 246.
Tod, 145, 170.
treffen, 326, 333, 374.
trinken, 327.

über, 309, 323.
überlegen, 415.
übersetzen, 298.
Uhr, 365.
um, 307.
umsonst, 022.
Umwelt, 143.
und, 433.
und so, 073.
-ung, 189.
ungefähr, 271.
unmoralisch, 060.
unnütz, 242.
unser, 200, 202.
unter, 289, 309, 429.
Unterschied, 165, 290.
unterschiedlich, 263.
Ursache, 283.

verabschieden, 370.
(ver)ändern, 382.
veranlassen, 418.
verantwortlich, 237.
verantwortungsvoll, 237.
verbrauchen, 404.
verbrennen, 424.
verbringen, 038.
verdienen, 025.
Verdienst, 392.
Verfasser, 155.
vergeblich, 022.
Verhalten, 147.
verheiraten, 406.
verhindern, 351.
verlieren, 063.
vermeiden, 352.
verpassen, 383.
verschieden, 263.
verschwinden, 389.
Verseuchung, 150.
verstehen, 321.
vertreten, 367.
viel, 154, 204, 205, 262.
vierzehn Tage, 011.
von, 166, 289, 302, 304, 307, 323, 428.
von... auf, 306.
von... zu, 306.
vor, 281, 313, 318, 464.
vor allem, 266.
vorbei, 038, 269.
vorbereiten, 379.
Vorbild, 041.

vorher, 270.
vorkommen, 400, 447.
vorstellen, 154, 367.
Vorteil, 216.

wach, 425.
wachsen, 307, 413.
wagen, 140.
Wahl, 161, 333.
während, 013, 223.
wahrscheinlich, 274.
wann, 438.
warten, 443.
was für (ein-), 312.
Waschen, 395.
wechseln, 382.
weder... noch, 488.
Weg, 301.
weg, 332.
Weise, 214.
weiter, 350, 403.
weiterhin, 350.
welch-, 210.
Welt, 117, 164.
weniger + adj. + als, 249.
wenigstens, 276.
wenn, 345, 435, 438.
wenn... auch, 439.
werden, 074, 201, 248, 456, 473.
wert, 211.
wichtig, 187, 217, 218.
wider, 159.
wie, 459.
wie lange, 462.
wieder, 405.
wiederholen, 324.
wir, 437.
Wirtschaft, 112, 391.
wissen, 340.
wo, 452, 476.
woher, 461.
wohin, 476.
wundern (sich), 078.

Zahl, 192.
zahlreich, 032.
zeigen, 077, 417.
Zeit, 023, 365.
zerbrechen, 420.
zu, 303, 441.
zu Hause, 305.
zubereiten, 379.
zufrieden, 421.
zuhören, 319, 320.
zum Schluss, 499.
zumindest, 276.
zunehmen, 307.
zur Folge haben, 006, 353.
Zustand, 056.
zutreffen, 012.
zuverlässig, 455.
Zweifel (ohne), 274.
zweifeln, 435.
zwischen, 288, 289.

MAJOR

ALBERTIN Gérard et divers auteurs – L'amitié : dissertations
ALBERTINI Jean-Marie – Le chômage est-il une fatalité ?
ALLAL Patrick, GUILHEMSANS Marie-Françoise, SAILLARD Marie-Odile, FRAISSEIX Patrick – Droit hospitalier
ALLMANG Cédrick – Petites leçons de géographie
ALVERGNE Christel, TAULELLE François – Du local à l'Europe, les nouvelles politiques d'aménagement du territoire
AMMIRATI Charles et divers auteurs – Littérature française, manuel de poche
BARON-GIRACCA Sylvia – Les métiers de l'environnement
BEDEL Jean-Marc – Grammaire espagnole moderne (3e éd. corrigée)
BERGERON Claudine et divers auteurs – L'héroïsme : dissertations
BERGERON Claudine, BORRUT Michel, KERBRAT Marie-Claire, SANTERRE Jean-Paul – Savoir et ignorer, dissertations
BERTHELOT Ascension – Le thème espagnol aux concours
BIGEL Jean-Pierre – Mesure et démesure. Dissertations
BILEMDJIAN Sophie – Premières leçons sur *L'existentialisme est un humanisme* de Jean-Paul Sartre
BONNEFOUS Alexis – Les métiers du dessin
BONIFACE Pascal, NIVET Bastien – Petit dico européen
BRABEC Maximilien – Sortir du « Me too ». La stratégie de compétition par la différence
BRUNEL Sylvie – Le Sud dans la nouvelle économie mondiale
CAQUET Emmanuel – Leçon littéraire sur *Médée* de Sénèque
CAQUET Emmanuel, DEBAILLEUX Diane – Leçon littéraire sur le temps
CAREL Nicolas – Exercices de version anglaise
CARRÉ Frédéric, SEGUIN André de – Mexique, Golfe et Caraïbes
CASTELLANI Jean-Pierre, URABAYEN Miguel – Décrypter la presse écrite espagnole
CHAMPAGNE Pierre – L'organisation scolaire et universitaire
CERVELLON Christophe – Mesure et démesure
CHAMPAGNE Pierre – L'organisation scolaire et universitaire

CHANCEL Claude, DRANCOURT Michel, LOUAT André, MARSEILLE Jacques, PIELBERG Éric-Charles – L'entreprise dans la nouvelle économie mondiale

CHANCEL Claude, PIELBERG Éric-Charles – Le monde chinois dans le nouvel espace mondial

CHANTEPIE Philippe, GAUTIER Louis, PIOT Olivier, PLIHON Dominique – La nouvelle politique économique. L'État face à la mondialisation

CHAPRON Françoise, MORIZIO Claude – Préparer et réussir le CAPES externe de documentation

CHAUVIN Andrée – Leçon littéraire sur *W ou le souvenir d'enfance* de Georges Perec

CHIBAUDEL Pierre – Les mathématiques sur Casio

CLÉMENT Jean-Pierre – España, ahora

COBAST Éric – Anthologie de culture générale

COBAST Éric – Lexique de culture générale

COBAST Éric – La revue de culture générale. L'année Major 1999/2000

COBAST Éric – Leçons particulières de culture générale (6e éd.)

COBAST Éric – Petites leçons de culture générale (6e éd.)

COBAST Éric – *Les Dieux antiques* de Stéphane Mallarmé

COMBE Emmanuel – Précis d'économie (7e éd. mise à jour)

COMBROUZE Alain – Probabilités et statistiques

COMBROUZE Alain – Probabilités, 1

COMBROUZE Alain – Probabilités et statistiques, 2, Voie scientifique

COMBROUZE Alain, DEDE Alexandre – Analyse. Algèbre

COMBROUZE Alain, DEDE Alexandre – Analyse. Algèbre, Prépa HEC, 2e année, voie économique

COMBROUZE Alain, DEDE Alexandre – Probabilités et statistiques, 1, Voie économique

COMBROUZE Alain, DEDE Alexandre – Probabilités et statistiques, 2, Voie économique

COMBROUZE Alain, TRAN VAN HIEP – Mathématiques. Analyse et programmation

COMTE Maurice, GADEN Joël – Statistiques et probabilités pour les sciences économiques et sociales

CONRAD Philippe – Le poids des armes. Guerre de 1900 à 1945

DANIEL Gérard – L'anglais, du bac aux grandes écoles

DAUBE Jean-Michel – Verbes anglais : savoir et savoir-faire

DAVID François – Les échanges commerciaux dans la nouvelle économie mondiale

DEBOVE Frédéric, FALLETTI François – Précis de droit pénal et de procédure pénale (2e éd. corrigée)
DEDE Alexandre – Exercices de mathématiques (Prépa HEC)
DÉFOSSÉ Jacques – Principes et méthodes du commentaire de cartes aux concours (2e éd. corrigée)
DESCHANEL Jean-Pierre, GIZARD Bruno – À la découverte du monde de la Bourse. Manuel d'économie boursière
DIEHL Christel – L'anglais du droit des affaires
DIEHL Christel – TOEIC® : comment optimiser son score
DIOT Marie-Renée, DIOT Jean-Robert – Deutschland, was nun ? (6e éd.)
DRANCOURT Michel – Leçon d'histoire sur l'entreprise, de l'Antiquité à nos jours (2e éd. mise à jour)
DREVET Jean-François – La nouvelle identité de l'Europe
DROUIN Jean-Claude – Tous économistes. Guide d'introduction à l'économie
DUPAS Hervé Guy, BENNERT Uwe – Lexique de civilisation germanique
DURAND Virginie – Les métiers de la communication d'entreprise
ECK Jean-François – La France dans la nouvelle économie mondiale (4e éd.)
EDEL Patricia, VACHERAT François – Les métiers de la solidarité
ENJEUX – LES ÉCHOS – Sous la crise, la croissance
FABRIÈS-VERFAILLIE Maryse – L'Afrique du Nord et le Moyen-Orient dans le nouvel espace mondial
FERRANDÉRY Jean-Luc – Le point sur la mondialisation (3e éd.)
FESSIER Guy – L'épistolaire
FESSIER Guy – *Dom Juan* de Molière. Leçon littéraire
FICHAUX Fabien – L'épreuve d'anglais à Sciences Po
FLOUZAT Denise – La nouvelle émergence de l'Asie
FORT Sylvain – Leçon littéraire sur l'amitié
FORT Sylvain – Leçon littéraire sur *93* de Victor Hugo
FRAISSEX Patrick, VALETTE Jean-Paul – Précis de droit public
FRÉMICOURT Éric – Diriger. 100 fiches techniques de gestion des ressources humaines
FUMEY Gilles – L'agriculture dans la nouvelle économie mondiale
GAILLOCHET Philippe – Le monde des MBA
GAUCHON Pascal, HAMON Dominique, MAURAS Annie – La Triade dans la nouvelle économie mondiale (4e éd. mise à jour)
GAUCHON Pascal – Mondialistes et Français toujours ?

GAUCHON Pascal, COBAST Éric – L'année Major 98/99. Revue de culture générale

GERRER Jean-Luc – Leçon littéraire sur *Dans la jungle des villes* de Bertolt Brecht

GERRER Jean-Luc – Leçon littéraire sur *La Vie de Galilée* de Bertolt Brecht

GERVAISE Yves, QUIRIN Bernard, CRÉMIEU Élisabeth – Le nouvel espace économique français

GERVASI Laurène, JOHANSSON Franz – Le biographique

GOFFART Michel, GUËT Alain, JONES Gwyn, MICHELET Françoise – Lexique de civilisation américaine et britannique (2e éd. revue et augmentée)

GUEDON Jean-François – La note administrative aux concours

GUËT Alain, LARUELLE Philippe – The US in a Nusthell (2e éd. revue et augmentée)

HAMON Dominique, KELLER Ivan – Fondements et étapes de la construction européenne

HAUTIN Christine, BILLIER Dominique – « Être compagnon »

HERVOUET François-Xavier – La poésie

HILLERIN Alexis de, HILLERIN Camille de – Théâtre, texte et représentation

HOLZ Jean-Marc, HOUSSEL Jean-Pierre, MANTEAU Julien – L'industrie dans la nouvelle économie mondiale

IMBERT Marie-José – ¿Cómo decirlo? Comment le dire ? Vocabulaire français-espagnol (2e éd.)

JANVIER Sophie – Les métiers du journalisme

KARILA-COHEN Pierre, WILFERT Blaise – Leçon d'histoire sur le syndicalisme en France

KERBRAT Marie-Claire – Leçon littéraire sur l'écriture de soi (2e éd.)

KERBRAT Marie-Claire – Leçon littéraire sur *L'Emploi du temps* de Michel Butor

KERBRAT Marie-Claire – Leçon littéraire sur l'héroïsme

KERBRAT Marie-Claire – Leçon littéraire sur la ville

KERBRAT Marie-Claire – Leçon littéraire sur *Frankenstein* de Mary Shelley

KERBRAT Marie-Claire, MAXIMINE – L'œuvre d'art par elle-même

KERBRAT Marie-Claire, LE GALL Danielle, LELIÈPVRE-BOTTON Sylvie – Figures du pouvoir

KERMEN Denis, LAUPIES Frédéric – Premières leçons sur le pouvoir

KLOTZ Gérard – Mathématiques pour les sciences économiques et sociales. Analyse 1

KLOTZ Gérard – Mathématiques pour les sciences économiques et sociales. Algèbre 1. Cours et exercices

KLOTZ Gérard – Mathématiques pour les sciences économiques et sociales. Algèbre 2

LABREUCHE F., MAZEREAU G., TIRARD M. – Vocabulaire économique quadrilingue

LAIZÉ Hubert – Leçon littéraire sur *Les Grands Chemins* de Jean Giono

LAIZÉ Hubert – Leçon littéraire sur l'*Iliade* d'Homère

LAIZÉ Hubert – Leçon littéraire sur *Les faux-monnayeurs* d'André Gide

LAIZÉ Hubert – Leçon littéraire sur *La Paix* d'Aristophane

LANOT Franck et divers auteurs – Dictionnaire de culture littéraire

LARUELLE Philippe, MICHELET Françoise – L'aide-mémoire de l'angliciste (3e éd. corrigée)

LARUELLE Philippe – Mieux écrire en anglais (2e éd. corrigée)

LAUPIES Frédéric – Leçon philosophique sur autrui

LAUPIES Frédéric – Leçon philosophique sur le bonheur

LAUPIES Frédéric – Leçon philosophique sur le mal

LAUPIES Frédéric – Leçon philosophique sur la sensibilité

LAUPIES Frédéric – Leçon philosophique sur le temps

LAUPIES Frédéric – Leçon philosophique sur la représentation

LAUPIES Frédéric – Leçon philosophique sur l'échange

LAUPIES Frédéric – Leçon philosophique sur *Projet de paix perpétuelle* de Kant

LAUPIES Frédéric (sous la direction de) – Dictionnaire de culture générale

LAUPIES Frédéric – *Gorgias* de Platon. Leçon philosophique

LAUPIES Frédéric – La croyance. Premières leçons

LE DIRAISON Serge, ZERNIK Éric – Le corps des philosophes

LEFEBVRE Maxime – Le jeu du droit et de la puissance. Précis de relations internationales (2e éd. mise à jour)

LE GUÉRINEL Pierre – Individualisme et crise des institutions. Manuel de culture générale

LE GUÉRINEL Pierre – Une société d'exclusion ? Manuel de culture générale

LEVEAU Jacques – L'aide-mémoire du germaniste

LEVEAU Jacques – L'oral d'allemand aux concours

LION Claude, AUBEY-BERTHELOT Catherine – Les écrits aux concours administratifs

MAIXENT Jocelyn – Leçon littéraire sur Vladimir Nabokov, de *La Méprise* à *Ada* (2e éd.)

MALVILLE Patrick – Leçon littéraire sur les *Confessions* de Jean-Jacques Rousseau (2e éd.)
MANTEAU Danièle – Leçon littéraire sur le mal
MARÉCHAUX Pierre – Littérature latine. Manuel de poche
MARTINIÈRE Nathalie – Décrypter les médias américains
MARZÉ Jo, SAINTE-LORETTE Patrick de – L'épreuve d'entretien aux concours (5e éd.)
MAYEUR Arnaud – Les grands économistes contemporains
NOUSCHI Marc – Temps forts du XXe siècle
ORTEGA Olivier – La note de synthèse juridique à l'entrée à l'EFB, aux CRFPA et à l'ENM
ORTEGA Olivier – Les métiers du droit
PARENT Jean, SEPARI Sabine – La société technicienne des origines à nos jours
PELLEGRIN Marie-Frédérique – Leçon sur les expériences du présent
PELLEGRIN Marie-Frédérique – Leçon sur le *Ménon* de Platon
PORTIER François – Documents for Civilization Studies of Great Britain and the English Speaking World
Prépasup – Guide de l'étudiant en droit
PRETESEILLE Stéphane, FEGYVERES Matthias, LATTAIGNANT Guillaume – Annale de mathématiques, 1998-1999. Voie économique
PRETESEILLE Stéphane, FEGYVERES Matthias, HUILLERY Élise, TACONNET Benoît – Annale de mathématiques 2000. Voie économique
PRETESEILLE Stéphane, FEGYVERES Matthias, LATTAIGNANT Guillaume – Annales de mathématiques, 1998-1999. Voie scientifique
PRETESEILLE Stéphane, FEGYVERES Matthias, HUILLERY Élise, TACONNET Benoît – Annales de mathématiques 2000. Voie scientifique
PRETESEILLE Stéphane et divers auteurs – Annales de mathématiques 2001. Voie scientifique
PRETESEILLE Stéphane et divers auteurs – Annales de mathématiques 2001. Voie économique
PRETESEILLE Stéphane et divers auteurs – Annales de mathématiques 2002. Voie scientifique
PRETESEILLE Stéphane et divers auteurs – Annales de mathématiques 2002. Voie économique
PROST Yannick – Petites leçons d'histoire contemporaine
QUESNEL Alain – Les mythes modernes. Actualité de la culture générale
REVARDEAUX François – Petite grammaire de l'italien
REVARDEAUX François – L'aide mémoire de l'italianisant

RICOT Jacques – Leçon sur *La perception du changement* de Henri Bergson
RICOT Jacques – Leçon sur savoir et ignorer
RICOT Jacques – Leçon sur l'*Éthique à Nicomaque* d'Aristote
RICOT Jacques – Leçon sur la paix
RIUTORT Philippe – Précis de sociologie
ROTGÉ Wilfrid, MALAVIEILLE Michèle, MUTCH George – Exercices de thème grammatical anglais
ROBERT Richard – Les mouvements littéraires
ROBINET Jean-François – Le temps de la pensée
ROYER Pierre – Préparer et réussir Sciences Po Strasbourg
ROYER Pierre – Préparer et réussir les concours commerciaux : SESAME, VISA, ECCIP, ECE, MBA Institute...
ROYER Pierre, GABBAY Anne, TREMOLET Vincent – Préparer et réussir le concours des IRA
SAÏD Laurent – Nécessaire et suffisant. Cours et exercices appliqués de mathématiques
SAINTE-LORETTE Patrick de, MARZÉ Jo – L'épreuve d'entretien aux concours (5e éd.)
SANTERRE Jean-Paul – Leçon littéraire sur *Bouvard et Pécuchet* de Gustave Flaubert
SANTERRE Jean-Paul – Leçon littéraire sur *Noces* d'Albert Camus
SANTERRE Jean-Paul – Leçon littéraire sur *La Chartreuse de Parme* de Stendhal
SANTERRE Jean-Paul – Leçon littéraire sur *En attendant Godot* de Beckett
SANTERRE Jean-Paul – Dissertation sur *La Paix*
SANTERRE Jean-Paul – *Gargantua* de Rabelais. Leçon littéraire
SCHARFEN Herbert – Allemand, cinq cents fautes à éviter (4e éd. corrigée)
SCHIRMANN-DUCLOS Danielle, LAFORGE Frédéric – La France et la mer
SEGUIN André de – Le Mexique dans la nouvelle économie mondiale
SÉNAT David, BONAN Fabien – Préparer et réussir les concours de l'École nationale de la magistrature (3e éd. mise à jour)
SÉNAT David, GAYRAUD Jean-François – Préparer et réussir les concours de commissaire de police et de lieutenant de police
SÉNAT David, JEANJEAN Philippe – Préparer et réussir les concours de l'École nationale des greffes
SÉNAT David, ORTEGA Olivier – Les métiers du droit
TABET Emmanuelle – Convaincre, persuader, délibérer
TARIN René – Préparer et réussir le concours de conseiller principal d'éducation

TEULON Frédéric – L'État et la politique économique

TEULON Frédéric – Croissance, crises et développement (7e éd. mise à jour)

TEULON Frédéric – La nouvelle économie mondiale (5e éd. mise à jour)

TEULON Frédéric (sous la direction de) – Dictionnaire. Histoire, économie, finance, géographie (4e éd. corrigée)

TEULON Frédéric – Initiation à la macro-économie

TEULON Frédéric – Initiation à la micro-économie (3e éd.)

THORIS Gérard – La dissertation économique aux concours

TOUCHARD Patrice, BERMOND Christine, CABANEL Patrick, LEFEBVRE Maxime – Le siècle des excès de 1870 à nos jours (6e éd.)

TOUCHARD Patrice – La nouvelle économie mondiale en chiffres

TRAN VAN HIEP – Mathématiques. Formulaire (4e éd. revue et augmentée)

TRAN VAN HIEP – Morceaux choisis de l'oral de mathématiques

TRAN VAN HIEP – Les plus beaux problèmes de mathématiques. HEC 1re et 2e années

TRAN VAN HIEP – Algèbre

TRAN VAN HIEP – Algèbre, cours et exercices

TRAN VAN HIEP – Analyse, 2

TRAN VAN HIEP, COMBROUZE Alain – Mathématiques. Analyse et programmation. Cours et exercices

TREMOLET Vincent, ALCAUD David, GABBAY-BAUX Anne – Réussir le concours d'attaché territorial

TROUVÉ Alain – Leçon littéraire sur *Mémoires d'Hadrien* de Marguerite Yourcenar

TROUVÉ Alain – Réussir le résumé et la synthèse de textes aux concours (2e éd. corrigée)

VENET Gisèle – Leçon littéraire sur *Henry V* de Shakespeare

VIELLARD Stéphane – Lire les textes russes

VILLANI Jacqueline – Leçon littéraire sur *Les Mots* de Jean-Paul Sartre

BIBLIOTHÈQUE MAJOR

BACHOFEN Blaise – Premières leçons sur le *Discours sur l'origine et les fondements de l'inégalité parmi les hommes* de Jean-Jacques Rousseau

BILEMDJIAN Sophie – Premières leçons sur *L'existentialiste est un humanisme* de Jean-Paul Sartre

BLOCKER Deborah – Premières leçons sur les *Fables* de La Fontaine (2e éd.)

BONAN Ronald – Premières leçons sur l'*Esthétique* de Merleau-Ponty

BONNEWITZ Patrice – Premières leçons sur *La sociologie* de Bourdieu (3e éd.)

CAVALLIER François – Premières leçons sur *L'Œil et l'Esprit* de M. Merleau-Ponty

CAVALLIER François – Premières leçons sur *La Raison dans l'histoire* de Hegel

CLAVIER Paul – Premières leçons sur *La Critique de la raison pure* de Kant

COBAST Éric – Premières leçons sur *Les Fleurs du mal* de Baudelaire

COLARD Jean-Max – Premières leçons sur *La Vie est un songe* de Calderón (2e éd.)

COUDREUSE Anne – Premières leçons sur *La Chute* d'Albert Camus (2e éd.)

COULEAU Christelle – Premières leçons sur *Les Illusions perdues,* un roman d'apprentissage

DELAVEAU Philippe – Premières leçons sur *Éthiopiques* de Léopold Sédar Senghor

DEMORAND Nicolas – Premières leçons sur le roman d'apprentissage

DEMORAND Nicolas – Premières leçons sur *Ruy Blas* de Victor Hugo (2e éd.)

DERON Daphné – Premières leçons sur *Lancelot ou Le Chevalier de la Charrette* de Chrétien de Troyes (2e éd.)

DUBOIS Michel – Premières leçons sur *La sociologie* de Raymond Boudon

DUMONT Jean-Noël – Premières leçons sur l'*Apologie de Socrate* de Platon

DUMONT Jean-Noël – Premières leçons sur *Les Pensées* de Blaise Pascal

DUMONT Jean-Noël – Premières leçons sur le *Manifeste du Parti communiste* de Marx

FERRIGNAUD Jean-Louis, GROUIX Pierre – Premières leçons sur *Le Joueur d'échecs* de Stefan Zweig

GENGEMBRE Gérard – Premières leçons sur le drame romantique
GERBIER Laurent – Premières leçons sur le *Traité des principes de la connaissance humaine* de George Berkeley
GOBRY Ivan – Premières leçons sur le *Phédon* de Platon
GOURINAT Jean-Baptiste – Premières leçons sur le *Manuel* d'Épictète avec le texte intégral
GUIGUE Arnaud – Premières leçons sur l'*Éthique à Nicomaque* d'Aristote
HAÉRI Gilles, ROCHE Bruno – Introduction à la philosophie des sciences, *thèmes et sujets*
LAIZÉ Hubert – Premières leçons sur *Électre* de Jean Giraudoux (3e éd.)
LAUPIES Frédéric – Premières leçons de philosophie (3e éd. mise à jour)
LAUPIES Frédéric, KERMEN Denis – Premières leçons sur le pouvoir
LEFEBVRE Brigitte, LORENCEAU Dominique – Premières leçons sur *De natura rerum* de Lucrèce (Livre I, vers 1-634)
LELIÈPVRE-BOTTON Sylvie – Premières leçons sur *Gorgias* de Platon
LHOSTE-NAVARRE Martine – Premières leçons sur *Banquet* de Platon
MAIGNÉ Carole – Premières leçons sur la *Monadologie* de Leibniz
MARCANDIER-COLARD Christine – Premières leçons sur le conte voltairien
MARCANDIER-COLARD Christine – Premières leçons sur *Le Père Goriot,* un roman d'apprentissage
MARCANDIER-COLARD Christine – Premières leçons sur *Les Châtiments* de Victor Hugo
MARÉCHAUX Pierre – Premières leçons sur *Lettres à Lucilius* de Sénèque
MARÉCHAUX Pierre – Premières leçons sur *La Deuxième Tusculane* de Cicéron
MARÉCHAUX Pierre – Premières leçons sur les *Métamorphoses* d'Ovide
MARÉCHAUX Pierre – Premières leçons sur les recueils de poésie française des XIXe et XXe siècles
MERCOYROL Yannick – Bibliothèque du littéraire
MERCOYROL Yannick – Premières leçons sur *Les Yeux d'Elsa* d'Aragon (2e éd.)
MERCOYROL Yannick, ROBERT Richard – Premières leçons sur *La Condition humaine* d'André Malraux (3e éd.)
MILLET Louis – Premières leçons sur l'*Éthique* de Spinoza
MOURRAL Isabelle – Premières leçons sur *La Conscience et la vie* de Bergson (2e éd.)
OTTAVIANI Didier – Premières leçons sur les trois *Lettres* d'Épicure
POUSSARD Alain – Premières leçons sur *Méditations métaphysiques* de Descartes

POUSSARD Alain – Premières leçons sur *Le Discours de la méthode* de Descartes

QUESNEL Alain – Premières leçons sur les *Confessions* de Jean-Jacques Rousseau

QUESNEL Alain – Premières leçons sur la tragédie racinienne

QUESNEL Alain – Premières leçons sur *Le Rouge et le Noir,* un roman d'apprentissage

QUESNEL Alain – Premières leçons sur les romans de Maupassant

QUESNEL Alain – Premières leçons sur *Les Fleurs bleues* de Raymond Queneau

RIUTORT Philippe – Premières leçons de sociologie

ROBERT Richard – Premières leçons sur le mythe antique dans le théâtre contemporain

ROBERT Richard – Premières leçons sur les rapports entre maîtres et valets dans la comédie du XVIIIe siècle

ROBERT Richard – Premières leçons sur le mythe de Tristan

ROBERT Richard – Premières leçons sur *Si c'est un homme* de Primo Levi

ROCHE Bruno – Premières leçons sur *Crépuscule des idoles* de Nietzsche

VALTAT Jean-Christophe – Premières leçons sur *L'Éducation sentimentale,* un roman d'apprentissage

VALTAT Jean-Christophe – Premières leçons sur *L'Espoir* d'André Malraux

VILLANI Jacqueline – Premières leçons sur *Une partie de campagne* de Maupassant

VINOGRADOVA Anastasia – Premières leçons sur *Nouvelles de Saint-Pétersbourg* de Gogol

MAJOR BAC

Premières Bac

AMMIRATI Charles – La grammaire du bachelier (Secondes, Premières et Terminales)

AMMIRATI Charles – Littérature française (Secondes et Premières)

AMMIRATI Charles – Le drame romantique, *thèmes et sujets* (Premières ES, L, S)

AMMIRATI Charles – Le roman d'apprentissage, *thèmes et sujets* (Premières ES, L, S)

AMMIRATI Charles – Les rapports entre maîtres et valets dans la comédie du XVIIIe siècle, *thèmes et sujets* (Premières toutes sections)

BASTIN Gilles – Les grands débats des sciences économiques et sociales (Première et Terminale ES)

BELLEHIGUE Myriam – ABC du vocabulaire anglais (Premières et Terminales toutes sections)

BLOCKER Deborah – Premières leçons sur les *Fables* de La Fontaine (Première L)

BONNEWITZ Patrice – Premières leçons sur la sociologie de Bourdieu (Première ES et Terminale ES)

BRISAC Anne-Laure – Travailler le français au lycée (Secondes, Premières et Terminales)

BRISAC Anne-Laure – La tragédie racinienne, *textes commentés* (Première L)

BRISAC Anne-Laure – *Fables* de La Fontaine, *textes commentés* (Première L)

BRISAC Anne-Laure – Le drame romantique, *textes commentés* (Premières ES, L, S)

CAREL Nicolas, DAUBE Jean-Michel, GUET Alain – Anglais : 365 fautes à éviter (2e éd.) (Premières et Terminales toutes sections)

CHARPENTIER Véronique – Écrire le français au lycée (Secondes, Premières et Terminales)

COBAST Éric – Premières leçons sur *Candide,* un conte voltairien (Premières toutes sections)

COBAST Éric – Mémento de français du bachelier (Premières toutes sections)

COLARD Jean-Max – Le bac français 1999, Rousseau, Hugo, le mythe antique dans le théâtre du XXe siècle (Premières toutes sections)

COULEAU Christelle – Premières leçons sur *Les Illusions perdues*, un roman d'apprentissage (Premières ES, L, S)

COUSIN DE RAVEL Agnès – Le bac français 2000 (Premières toutes sections)

DAUBE Jean-Michel – Anglais, les verbes utiles (Premières et Terminales toutes sections)

DEMORAND Nicolas – Premières leçons sur le roman d'apprentissage (Premières ES, L, S)

DEMORAND Nicolas – Premières leçons sur *Ruy Blas* de Victor Hugo (Premières toutes sections)

DERON Daphné, WEISS Frédéric – Le mythe antique dans le théâtre contemporain. Textes commentés (Premières ES, L, S)

FESSIER Guy – Le mythe antique dans le théâtre contemporain, *thèmes et sujets* (Premières ES, L, S)

FESSIER Guy – *Électre* de Jean Giraudoux, *thèmes et sujets* (Premières ES, L, S)

FESSIER Guy – Les romans de Maupassant et de Zola, *thèmes et sujets* (Premières toutes sections)

GENGEMBRE Gérard – Premières leçons sur le drame romantique (Premières toutes sections)

GERVASI Laurène – Exercices pour les nouvelles épreuves de français (Premières toutes sections)

LAIZÉ Hubert – Premières leçons sur *Électre* de Jean Giraudoux (Premières ES, L, S)

LARUELLE Philippe – L'anglais en 20 leçons (Premières et Terminales toutes sections)

LE GALL Danielle – Le roman d'apprentissage, *textes commentés* (Premières ES, L, S)

LE GALL Danielle – *Électre* de Jean Giraudoux, *textes commentés* (Premières ES, L, S)

LE GALL Danielle – Les romans de Zola et de Maupassant, *textes commentés* (Premières toutes sections)

MARCANDIER-COLARD Christine – Premières leçons sur le conte voltairien (Premières toutes sections)

MARCANDIER-COLARD Christine – Premières leçons sur *Le Père Goriot*, un roman d'apprentissage (Premières ES, L, S)

MARI Gérard, GUÉANT Iluminada – Espagnol, 365 fautes à éviter

MERCOYROL Yannick, ROBERT Richard – Premières leçons sur *La Condition humaine* d'André Malraux (Premières ES, L, S)

MEYNIEL Nathalie – Le conte voltairien, *textes commentés* (Premières toutes sections)

QUESNEL Alain – Premières leçons sur la tragédie racinienne (Première L)

QUESNEL Alain – Premières leçons sur *Le Rouge et le Noir,* un roman d'apprentissage (Premières ES, L)

REFFAIT Christophe – *Fables* de La Fontaine (livres VII à XII), *thèmes et sujets* (Première L)

REFFAIT Christophe – Hyppolite Taine : *La Fontaine et ses Fables* (Première L)

ROBERT Richard – Premières leçons sur maîtres et valets dans la comédie du XVIIe (Premières toutes section)

ROBERT Richard – Premières leçons sur le mythe antique dans le théâtre contemporain (Premières toutes sections)

ROUMÉGAS Jean-Paul – Le conte voltairien, *thèmes et sujets* (Premières toutes sections)

SAÏD Laurent – Mathématiques. 130 exercices et problèmes pour s'entraîner (Première et Terminale S)

SANTERRE Jean-Paul – *Confessions* de Jean-Jacques Rousseau, *thèmes et sujets* (Premières toutes sections)

TEULON Frédéric – Vocabulaire économique et social (Première et Terminale ES)

TURIEL Frédéric – *Confessions* de Jean-Jacques Rousseau, *textes commentés* (Premières toutes sections)

TURIEL Frédéric – L'argumentation au bac français (Premières toutes sections)

TURIEL Frédéric – L'oral de français au baccalauréat, *textes commentés* (Premières toutes sections)

VALTAT Jean-Christophe – Premières leçons sur *L'Éducation sentimentale,* un roman d'apprentissage (Premières ES, L, S)

VALTAT Jean-Christophe – Premières leçons sur *L'Espoir* d'André Malraux (Premières ES, L, S)

WEISS Frédéric – La comédie du XVIIIe siècle : les rapports entre maîtres et valets, *textes commentés* (Premières ES, L, S)

Terminales Bac

AKAMATSU Étienne – Perception, imagination, art, *thèmes et sujets* (Terminales toutes sections)

AKAMATSU Étienne – Mémoire, Temps, Histoire (Terminales toutes sections)

ARONDEL-ROHAUT Madeleine – Exercices philosophiques (Terminales toutes sections)

ASSAYAG Jacky – Analyse, des exercices aux problèmes (Terminale S)

ASSAYAG Jacky – Probabilités et nombres complexes, des exercices aux problèmes (Terminale S)

BACHOFEN Blaise – Premières leçons sur le *Discours sur l'origine et les fondements de l'inégalité parmi les hommes* de Jean-Jacques Rousseau (Terminales toutes sections)

BASTIN Gilles – Les grands débats des sciences économiques et sociales (Première et Terminale ES)

BELLEHIGUE Myriam – ABC du vocabulaire anglais (Premières et Terminales toutes sections)

BONAN Ronald – Premières leçons sur l'*Esthétique* de Merleau-Ponty (Terminales toutes sections)

BONNEWITZ Patrice – Premières leçons sur la sociologie de Bourdieu (Première ES et Terminale ES)

BOY Jean-Paul – Mémento de physique (Terminale S)

CAREL Nicolas, DAUBE Jean-Michel, GUET Alain – Anglais : 365 fautes à éviter (2e éd.) (Premières et Terminales toutes sections)

CLAVIER Paul – Premières leçons sur *La critique de la raison pure* de Kant (Terminales toutes sections)

COLARD Jean-Max – Premières leçons sur *La Vie est un songe* de Calderón (Terminale S)

COUDREUSE Anne – Premières leçons sur *La Chute* d'Albert Camus (Terminales L, ES)

DAUBE Jean-Michel – Anglais, les verbes utiles (Premières et Terminales toutes sections)

DECOSSAS Béatrice – Travail, échange, technique, *thèmes et sujets (Terminales toutes sections)*

DELAVEAU Philippe – Premières leçons sur *Éthiopiques* de Léopold Sédar Senghor (Terminales L, ES)

DERON Daphné – Premières leçons sur *Lancelot ou Le Chevalier de la Charrette* de Chrétien de Troyes (Terminale L)

DROUIN Jean-Claude – Les grands auteurs en sciences économiques et sociales (Terminale ES)

DROUIN Jean-Claude – Dictionnaire de poche. Les grandes notions de l'économie (Première et Terminale ES)

DROUIN Jean-Claude – Dictionnaire de poche. Les grandes notions de la sociologie (Première et Terminale ES)

DUMONT Jean-Noël – Premières leçons sur *Les Pensées* de Blaise Pascal (Terminales toutes sections)

FERRÉOL Gilles, VIN-DATICHE Didier – Les nouvelles épreuves de sciences économiques et sociales (Terminale ES)

GARRIGUES Frédéric – Principes et méthodes de la dissertation d'histoire (Terminales toutes sections)

GERBIER Laurent – Premières leçons sur le *Traité des principes de la connaissance humaine* de George Berkeley (Terminales toutes sections)

GOURINAT Jean-Baptiste – Premières leçons sur le *Manuel* d'Épictète avec le texte intégral (Terminales toutes sections)

GUIGUE Arnaud – Premières leçons sur l'*Éthique à Nicomaque* d'Aristote (Terminales toutes sections)

GUIGUE Arnaud – Droit, justice, État, *thèmes et sujets* (Terminales toutes sections)

HAÉRI Gilles, ROCHE Bruno – Introduction à la philosophie des sciences, *thèmes et sujets*

LA BALME Denis – La mort, le sens, l'existence (Terminales toutes sections)

LAKEHAL Mokhtar – Principes et méthodes de la dissertation de sciences économiques et sociales (Terminale ES)

LARUELLE Philippe – L'anglais en 20 leçons (Premières et Terminales toutes sections)

LAUNAY Jean, ZERNIK Éric – La dissertation philosophique, travaux d'approche (Terminales toutes sections)

LAUPIES Frédéric – Premières leçons de philosophie (3e éd. mise à jour) (Terminales toutes sections)

LEFEBVRE Brigitte, LORENCEAU Dominique – Premières leçons sur *De natura rerum* de Lucrèce (Terminale L)

LELIÈPVRE-BOTTON Sylvie – Premières leçons sur *Gorgias* de Platon (Terminales toutes sections)

LHOSTE-NAVARRE Martine – Premières leçons sur *Banquet* de Platon (Terminales toutes sections)

MAIGNÉ Carole – Premières leçons sur la *Monadologie* de Leibniz avec le texte (Terminales toutes sections)

MARI Gérard, GUÉANT Iluminada – Espagnol, 365 fautes à éviter

MARTIN Gilles, VALLÉE Frédérique, WAQUET Isabelle – Pratique de la sociologie. Annales corrigées (Terminale ES)

MARTIN Gilles, VALLÉE Frédérique, WAQUET Isabelle – Pratique de l'économie. Annales corrigées (Terminale ES)

MERCOYROL Yannick – Premières leçons sur *Les Yeux d'Elsa* d'Aragon (Terminale L)

MERCOYROL Yannick – La bibliothèque du littéraire

MILLET Louis – Volonté, devoir, liberté, *thèmes et sujets* (Terminales toutes sections)

MOURRAL Isabelle – Premières leçons sur *La Conscience et la vie* de Bergson (Terminales toutes sections)

MOURRAL Isabelle – Nature-Culture, *thèmes et sujets* (Terminales toutes sections)

OTTAVIANI Didier – Premières leçons sur les trois *Lettres* d'Épicure (Terminales toutes sections)

POUSSARD Alain – Premières leçons sur *Méditations métaphysiques* de Descartes (Terminales toutes sections)

PRIGENT Michel A., NAIGEON Marc – Manuel de poche. Histoire. L'économie des pays développés depuis 1945 (Terminales toutes sections)

PRIGENT Michel A., NAIGEON Marc – Manuel de poche. Histoire. La France depuis 1945 (Terminales toutes sections)

PRIGENT Michel A., NAIGEON Marc – Manuel de poche. Histoire. Les relations internationales depuis 1945 (Terminales toutes sections)

PRIGENT Michel A., NAIGEON Marc – L'Europe de l'Est depuis 1945 (Terminales toutes sections)

RIUTORT Philippe – Premières leçons de sociologie (Terminale ES)

ROBERT Richard – Premières leçons sur le mythe de Tristan (Terminales littéraires)

ROBERT Richard – Premières leçons sur *Si c'est un homme* de Primo Levi

ROCHE Bruno – Premières leçons sur *Crépuscule des idoles* de Nietzsche (Terminales toutes sections)

ROYER Pierre – Principes et méthodes du commentaire de document historique (Terminales toutes sections)

SAÏD Laurent – Mathématiques, 130 exercices et problèmes pour s'entraîner (Terminale S)

SOLAL Philippe – Le mal, le beau, le corps, *thèmes et sujets* (Terminales toutes sections)

SOLÈRE Brigitte – Manuel de poche. Génétique (Terminale S)
SOLÈRE Brigitte – Manuel de poche. Immunologie (Terminale S)
SZWEBEL Georges – Mémento de mathématiques (Terminales ES, L)
SZWEBEL Georges – Pratique des mathématiques. Problèmes, méthodes et corrigés (Terminales ES, L)
TEULON Frédéric – Vocabulaire économique et social (Première et Terminale ES)
TOUCHARD Patrice – Géographie. Économie : les chiffres du Bac (Terminales toutes sections)
VIDALIN Antoine – Mémento de mathématiques (Terminale S)
VILLANI Jacqueline – Premières leçons sur *Une partie de campagne* de Maupassant (Terminale L)
WAQUET Isabelle – Manuel de poche. Crises et politiques économiques (Terminale ES)

MAJOR BAC SCOLAIRE

AMMIRATI Charles et divers auteurs – Littérature française, manuel de poche
MARÉCHAUX Pierre – Littérature latine, manuel de poche

Imprimé en France
par Vendôme Impressions
Groupe Landais
73, avenue Ronsard, 41100 Vendôme
Août 2004 — N° 51 412